180

Perspektiven der Technokultur
Hrsg. Peter Weibel
Institut für Neue Medien
an der Städelschule (Frankfurt/M.)

Heinz von Foerster
KybernEthik

Autorisierte Übersetzung
aus dem Amerikanischen von
Birger Ollrogge

Merve Verlag Berlin

Die Deutsche Bibliothek - CIP-Einheitsaufnahme

Foerster, Heinz von:
KybernEthik / Heinz von Foerster. [Autoris. Übers. aus dem Amerikan. von Birger Ollrogge]. - Berlin: Merve-Verl.. 1993
(Internationaler Merve-Diskurs : 180 : Perspektiven der Technokultur)
ISBN 3-88396-111-6
Ne: GT

Postfach 150 927, 10671 Berlin.
Printed in Germany.
Druck- und Bindearbeiten: Dressler, Berlin.
Satz: SupportAgentur Gabler & Lutz, Berlin.
Umschlagentwurf: Jochen Stankowski, Köln.
ISBN 3-88396-111-6

Inhalt

Einführung in die natürliche Magie

Heinz von Foerster mit Paul Schroeder

Vorbemerkung des Herausgebers: Paul Schroeder ist Referenzbibliothekar der Universitätsbibliothek in Orono, Maine, und ein Gründungsmitglied der Gesellschaft für die Erhaltung mündlicher Überlieferung. Während seiner Studienzeit in den sechziger Jahren an der Universität von Illinois in Urbana matrikulierte er auch in Kolloquien, Forschungsseminaren und Kursen, die, im Rahmen der Arbeiten des Biologischen Computer Laboratoriums, von Heinz von Foerster gehalten wurden.

Es war Schroeders Interesse an mündlicher Tradition, das ihn veranlaßte, einen Tonband-Dialog mit Heinz von Foerster einzuleiten.

BAND SCHROEDER:

Hallo Heinz, hallo Mai,
es ist sieben Uhr in der Früh, Montag morgen, der 28. September 1987. Es ist ein wunderschöner, frischer, klarer Herbstmorgen, und ich sitze in unserer Küche hier in Orono, Maine. Meine Kinder schlafen noch. Mazie ist auch noch nicht aufgestanden. Ein Augenblick der Ruhe, um mit dieser vertrackten Tonbandaufnahme anzufangen.

Die ganze Sache hat etwas länger gedauert als ich dachte. Ich hatte die Aufnahmefunktion unseres kleinen Tonbandgeräts kaputtgemacht und bin erst gestern dazu gekommen, den Schaden zu beheben.

(Die Familie wacht auf. Man hört das Geklapper von

Tellern und Besteck, Kinderstimmen, Singen, Lachen, und dann Ruhe...)

Nochmals, hallo. Es ist 11:35 Uhr am selben Morgen. Die übliche Morgenunruhe hat sich gelegt. Ich wollte Dich ein wenig an unserem Familienleben teilnehmen lassen.

So langsam sollte ich jedoch zu dem Punkt kommen, über den wir uns am Telefon unterhalten haben. Nur ein paar Hintergrundinformationen. Ich denke dabei an einige ganz bestimmte Sachen. Als erstes, und darüber haben wir uns schon geeinigt, wüßte ich gern nähere Einzelheiten über die Geschichte des zwanzigbändigen Werkes über Magie, das Du, soweit ich mich erinnern kann, von Deinem Cousin Martin bekommen hast.Und dann, natürlich, Deine Begegnung mit Matthias Hauer, der, wie Du uns erzählt hast, der eigentliche Erfinder der Zwölftonmusik ist.

Am liebsten würde ich jedoch wieder einmal einige Deiner anderen Geschichten hören. Ich wünschte, wir könnten bei Euch sein. Mich interessiert jedoch weniger eine völlig eindeutige Version - zumal sich all Deine Beiträge durch eine gewisse Folgerichtigkeit auszeichnen. Zwar kann ich mich an die Themen Deiner vielen Geschichten erinnern, aber die näheren Einzelheiten sind in Vergessenheit geraten. Das ist natürlich dadurch bedingt, daß wir uns, wenn wir aufmerksam Deinen Worten folgen oder in Gespräche vertieft sind, nur sehr unvollständige Notizen machen. Später ist es demzufolge sehr schwer, die Gespräche exakt zu rekonstruieren, weil das Gedächtnis nicht so recht mitspielen will. In einem gewissen Sinn handelt es sich hier um ein Problem der Aufzeichnung, aber nicht unbedingt um eine definitive Version.

(Kurze Unterhaltung über meine Verbindungen zu den Northeast Archives of Folklore and Oral History an der University of Maine).

Nun, bevor meine Familie zurückkehrt und bevor wir die Präliminarien überstrapazieren, hoffe ich, daß Du mit meinem Vorschlag immer noch einverstanden bist. Laß Dir jedoch bitte Zeit und warte ab, bis Du ein paar freie Minuten hast. Nimm Deinen Casettenrecorder mit in den Wald oder zum Flughafen oder wohin auch immer, und wenn Du etwas Zeit haben solltest, setz Dich hin und füge jedesmal einen Satz hinzu. Ich wäre Dir sehr dankbar.

Ich würde mich bereit erklären, die Cassetten zu transkribieren. Letztendlich ist die bedruckte Seite das flexibelste Medium. Irgendwie habe ich immer noch Schwierigkeiten, aufs Tonbandgerät zu sprechen, selbst wenn es an Dich gerichtet ist. Aber ich glaube, daß sich das im Laufe der Zeit von selbst erledigt. Viele Grüße von uns allen, ich freu mich, von Euch beiden zu hören.

Paul Schroeder

BAND VON FOERSTER:

Lieber Paul,
es war wahre Magie, wie Du mich von meiner Terrasse auf Rattlesnake Hill in Pescadero in Dein Haus in Maine gezaubert und mir damit die Möglichkeit gegeben hast, Deine Kinder, Mazie, Dich, den Lärm, den Gesang und den wundervollen Morgen zu hören - wobei mir fast der Geschmack des guten Essens auf der Zunge zerging. Und ich dachte, daß es eine geniale Idee wäre, mich oder

irgendeinen andern aufzufordern, Geschichtenerzähler zu werden, zumal man aufgrund Deiner wunderbaren Erzählung unmöglich widerstehen kann, das Spinnen Deines Garns fortzusetzen.

Nun, Du hast mich gebeten, einige Geschichten aus meiner Jugend zu erzählen, und darüber hinaus hast Du mich ebenfalls gebeten, auf den Hintergrund dieser Geschichten einzugehen. Ich glaube, ich werde unter dem gleichen Schicksal wie Thukydides leiden, der über den Peloponnesischen Krieg geschrieben hat. Um die Hintergründe des Peloponnesischen Krieges zu beschreiben, hat er mehr oder weniger sein ganzes Leben gebraucht, weshalb ihm nur sehr wenig Zeit blieb, direkt auf den Peloponnesischen Krieg einzugehen. Nun, ich werde mich um ein gewisses Gleichgewicht bemühen. Ich werde kurz einige Hintergrundinformationen skizzieren, um anschließend auf die Geschichte über Wieglebs *Einführung in die natürliche Magie* einzugehen. Es handelt sich hierbei um zwanzig Bände, die gegen Ende des 18. Jahrhunderts zwischen 1780 und 1795 gedruckt wurden.

Zweitens hast Du mich gebeten, etwas über Matthias Hauer zu erzählen, den Zwölf-Ton-Komponisten, der seine Kompositionstechnik viel früher als Schönberg, dem man ansonsten die Erfindung der Zwölf-Ton-Musik nachsagt, begonnen hat. Auf all das - den Unterschied zwischen Zwölf-Ton- und Sieben-Ton-Musik, der Heptatonik - werde ich etwas später, im Zusammenhang mit der Hauer-Geschichte eingehen.

Aber zuerst, lieber Paul, möchte ich Dich über den Hintergrund aller Geschichten, die ich Dir zukünftig erzählen werde, in Kenntnis setzen.

Der Hintergrund läßt sich aller Wahrscheinlichkeit nach in drei Hauptabschnitte unterteilen. Vielleicht sollte der erste Abschnitt auf die Beziehung zu meinem Cousin Martin eingehen, mit dem ich in einem brüderlichen Verhältnis aufgewachsen bin. Wir wurden beide im Jahr 1911 geboren. Er war ein wenig älter als ich, und unsere Beziehung ist über meine Mutter und seinen Vater zustandegekommen. Sie waren Geschwister. Meine Mutter war eine geborene Lilith Lang und sein Vater war Erwin Lang. Erwin heiratete eine außergewöhnliche, elfenartige, schöne, ätherische Tänzerin namens Grete Wiesenthal, die die Welt mit ihrem Charme und ihrem unglaublich schönen, schwerelosen und übernatürlichen Tanz eroberte. Wie viele große Tänzer zur Jahrhundertwende, wie z.B. Loie Fuller, Isadora Duncan, Ruth St. Denis, Gertrude Barrison und viele viele andere, kehrte sie dem Ballett den Rücken.

Zufälligerweise war meine Mutter die Kostümière ihrer Schwägerin. Sie alle standen einander sehr nahe. Sie entwarf nicht nur einige der seinerzeit recht unkonventionellen, aber dennoch überaus reizenden Kostüme, sondern wohnte auch den abendlichen Vorstellungen bei, um darauf zu achten, daß ihre Kleider und Entwürfe einwandfrei saßen.

Der Grund, warum mein Cousin Martin und ich eine weitaus engere Beziehung hatten als zwei ganz gewöhnliche Söhne zweier Geschwister, bestand darin, daß mein Vater, Emil, und Martins Vater, Erwin, in den ersten Wochen nach Beginn des Ersten Weltkrieges in die Kriegsgefangenschaft kamen. Mein Onkel Erwin kämpfte an der Ostfront an der russischen Front, und mein Vater Emil wurde in den Südosten geschickt, um gegen die Serben

MARIE
LILITH
PETER
MARTIN
GRETE

zu kämpfen, die sich schon gut verschanzt hatten und auf den Ausbruch des Krieges vorbereitet waren.

Beide wurden gefangengenommen. In der ersten Woche geriet mein Vater in Kriegsgefangenschaft und wurde von den Serben interniert - heutzutage würde man Jugoslawien sagen, aber seinerzeit nannte sich das Gebiet Serbien -, und mein Onkel Erwin wurde in einen der großen Züge verfrachtet. In den ersten zwei oder drei Wochen verloren die Deutschen hunderte und tausende von Soldaten. Auf die Schützengrabengefechte waren sie völlig unvorbereitet. Sie ritten noch auf Pferden, zogen ihre Säbel und versuchten die tief in ihre Stellungen eingegrabenen Russen anzugreifen, von denen sie mit ihren Maschinengewehren einfach niedergemäht wurden.

Mein Onkel Erwin wurde nach Sibirien verschleppt, wo er bis 1917, dem Zeitpunkt seiner Flucht, verblieb. Mit dem Zug und zu Fuß schaffte er es bis China und landete schließlich in Tsingtau. Hier lernte er den großen Philosophen Richard Wilhelm kennen, dessen Name Dir wahrscheinlich durch seine Übersetzungen von chinesischen philosophischen Werken geläufig ist - von denen das bekannteste natürlich das *I Ging* ist. Sie sind ins Englische übersetzt, und ich bin sicher, Paul, daß - falls Du ein *I Ging* besitzen solltest - es ganz gewiß die Übersetzung nach Richard Wilhelm ist.

Gut, das ist die Geschichte über Erwin. Nun die Geschichte meines Vaters: er wurde nach Serbien verlegt und dort, wahrscheinlich in der verhängnisvollen Nacht vom 11. zum 12. August, in der die österreichische Armee ihren mißglückten Angriff auf Serbien machte, gefangen genommen. Als serbischer Kriegsgefangener machte er,

Der Gelehrte Lau Nai Süan
Holzschnitt von Erwin Lang, 1920

In der Zeit, in der mein Onkel Erwin Gast bei Richard Wilhelm in Tsingtau war, wurde er auch Wilhelms Lehrmeister, Lau Nai Süan, vorgestellt, der, wie Wilhelm sagte, ihn die "Tiefen des *I Ging* ahnen ließ". Tief beeindruckt von der chinesischen Kultur, bat Erwin Lau Nai um die Erlaubnis, sein Portrait machen zu dürfen. Hier ist die Holzschnittversion dieser Sitzung.

nach einer erfolgreichen zweiten Offensive der Österreicher, den serbischen Rückzug mit und wurde dann mit vielen anderen österreichischen Gefangenen nach Albanien abgeschoben. Dort begann dann der legendäre "Albanische Marsch" in Sommeruniform über die verschneiten Berge Albaniens, bis sie dann in Durazzo an der Adria in italienische Gefangenschaft kamen.

Wie dem auch sei, diese beiden Jungen, Heinz und Martin, wuchsen ohne Väter auf, und die Mütter, die sich sehr nahe waren, sorgten auch dafür, daß sich die Buben sehr nahe kamen. Demzufolge verbrachte Martin einen großen Teil seiner Jugend mit mir in unserem Haus, weil Grete natürlich überall in Deutschland tanzte und ihre Auftritte hatte usw., usw. Wenn Martin nicht in unserem Haus wohnte, hielt er sich bei seiner Großmutter Marie auf, der Mutter von Lilith und Erwin. Sie war eine sehr resolute Dame, Mitbegründerin der österreichischen Frauenbewegung, und führte ein großes Haus mit vielen Gästen aus vielen Ländern. Von ihr lernte ich das "Jetzt und Hier". Wenn ich als kleiner Bub diesem oder jenem nachtrauerte und danach verlangte, sagte sie oft "Alles ist jetzt und hier". Das klang für mich wie eine Beschwörungsformel: "Alles ist jetzt und hier".

Die nahe Beziehung meiner Mutter zu ihrer tanzenden Schwägerin und die Abwesenheit eines Papas brachten es mit sich, daß ich abends häufig von meiner Mutter mitgenommen wurde - zumal damals noch nicht an einen Babysitter zu denken war. Sie nahm mich mit in die Theater, in denen Grete Wiesenthal auftrat. Ich saß ganz artig in einer kleinen Ecke der Garderobe und sah und beobachtete natürlich die wunderschönen Damen, die von

Grete Wiesenthal
Holzschnitt von Erwin Lang, 1912

einem Kostüm ins andere schlüpften. Wahrscheinlich hat sich zu dieser Zeit meine besondere Vorliebe für Frauen entwickelt, und ich glaube, daß ich sie bis zum Ende meines Lebens beibehalten werde. Wenn man die Möglichkeit hat, die absolut unglaublichen Geschöpfe zu betrachten, die elfengleich die Bühne betreten, zurückkommen, sich in andere Elfen verwandeln und wiederum auf die Bühne gehen, wenn man all das von der hinteren Bühne aus beobachtet, bekommt man einen ganz anderen Eindruck von diesen unvorstellbar zauberhaften ätherischen Geschöpfen.

Martin und ich waren sehr oft zusammen. Ungefähr in unserem elften Lebensjahr übte die Magie, aus welchen Gründen auch immer, eine unglaubliche Faszination auf uns aus. Wir bekamen einen dieser kleinen Standardkästen, die man im Laden kaufen kann und die alle Zaubertricks für Kinder enthalten. Nachdem wir ihn geöffnet und einige dieser Kunststücke ausprobiert hatten, fanden wir das alles furchtbar lächerlich und derartig stupide, denn jedermann würde diese Tricks durchschauen, ebenso den doppelten Boden und all das alberne Zeug. Wir sagten uns, daß das wirklich ... sei, daß dies nicht die richtige Art sei, Magie zu betreiben. Wir begannen unsere eigenen Zauberkünste zu entwickeln, und bald beschäftigten wir uns immer intensiver mit diesen Dingen. Es gab in Wien ein sehr großes, international bekanntes Geschäft, das großartige Zauberkünste für Magier aus aller Welt entwirft, konstruiert und vertreibt. Leute aus dem großen Showgeschäft suchten diesen Laden auf, der unter dem Namen "Zauberklingel" bekannt war. Zufälligerweise gab es auch einen Herrn Klingel, dem der Laden gehörte und der, als wir elf waren, um die 60 Jahre alt war. Wenn wir in den Laden gingen, um vielleicht irgendeine Kleinigkeit zu kaufen, erklärte er natürlich zuerst, um was es bei dem ganzen Zauberkunststück eigentlich ging. Wenn es einem gefiel, konnte man es kaufen.

Natürlich kamen all diese Dinge für uns überhaupt nicht in Frage, da wir sie uns nicht leisten konnten. Wir gaben vor, uns für ein bestimmtes Zauberkunststück zu interessieren, und baten ihn, es uns zu zeigen: "Könnten wir es uns bitte ansehen?" Er sah uns natürlich sehr herablassend an und sagte: "Würdet ihr es auch kaufen?" Wir sagten daraufhin: "Hm, wir wissen es noch nicht, könnten wir es uns erst einmal ansehen?" Wenn er guter Laune war, kam er unserer Bitte nach, ansonsten warf er uns einfach hinaus, und wir sagten dann: "Nun, hm, ja, ich glaube, wir kaufen es nicht, vielen Dank." Und verließen dann sehr schnell den Laden.

Natürlich überlegten wir während unserer Beobachtungen, wie der Trick funktioniert. Da ich eher ein konstruktiver Typ bin, Martin dagegen eher ein darstellerischer Typ, beschäftigte ich mich stärker mit der Konstruktion und Funktion der Dinge, während Martin ein Konzept entwickelte, wie diese Sachen in Szene gesetzt werden könnten. Demzufolge ergänzten wir uns in der Darstellung und Konstruktion der Dinge.

Ich war davon überzeugt, daß man sich auf dem Gebiet der Physik und der Mechanik gut auskennen muß, um großartige Zauberkunststücke aufzuführen. Martin hingegen vertrat die Meinung, daß die Mechanik nicht so wichtig sei, zumal er vornehmlich für die Inszenierung zuständig war. So profitierte ich von ihm auf dem Gebiet der

Darstellung, wogegen ich ihm die technischen Probleme vermittelte.

Nun, als Martin und ich älter wurden, schwärmten wir für einen ganz bestimmten deutschen Schriftsteller der Romantik. In den Vereinigten Staaten oder in englischsprachigen Ländern ist dieser Schriftsteller kaum bekannt. Indirekt kennt man ihn jedoch sehr gut durch Offenbachs Oper "Hoffmanns Erzählungen". Es handelt sich um den deutschen romantischen Dichter E.T.A. Hoffmann, und wie gesagt, war er unser Lieblingsdichter. Eine Geschichte von ihm faszinierte Martin und mich am meisten, nämlich die Geschichte über einen Kater. Und der Name dieses Katers ist Murr.

Kater Murr ist eine recht ungewöhnliche Katze, weil er sich gewisse Fähigkeiten aneignete, indem er auf der Schulter oder auf dem Tisch seines Meisters saß, der bei einem kleinen Fürsten in Deutschland im Dienste stand. Der Name seines Herren ist Meister Abraham. Er saß also am Schreibtisch Meister Abrahams, der praktisch die ganze Nacht durcharbeitete. Er schrieb, rechnete und dachte über dies und das und jenes nach. Murr beobachtete seinen Meister und lernte dabei das Lesen und Schreiben. Murr begann, sich ein wenig in dieser Kunst zu versuchen und stellte fest, daß er tatsächlich schreiben konnte. Er fand seine Lebensgeschichte derartig faszinierend, daß er sich entschloß, seine Biographie, seine Autobiographie zu schreiben.

Nachdem er sich entschlossen hatte, seine Autobiographie zu schreiben, stellte er fest, daß ihm das nötige Schreibpapier fehlte. Er suchte und suchte und sah schließlich auf dem Schreibtisch seines Meisters einige

Lebens-Ansichten

des

Katers Murr

nebst

fragmentarischer Biographie

des

Kapellmeisters Johannes Kreisler

in

zufälligen Makulaturblättern.

Herausgegeben

von

E. T. A. Hoffmann.

Erster Band.

Berlin, 1820

bei Ferdinand Dümmler.

Papierstapel. Ein Teil der Papiere war benutzt und offenbar weggeworfen worden. Er nahm die Seiten und begann seine Autobiographie zu schreiben. Als er sie schließlich fertiggeschrieben hatte, reichte er sie bei einem örtlichen Verleger ein. Natürlich war der Verleger von der Autobiographie eines Katers stark beeindruckt und sagte: "Das wird gedruckt." Dies waren die *Lebensansichten des Katers Murr*.

Als die Geschichte von Kater Murr in Satz gegeben wurde, geschah etwas ganz eigenartiges. An bestimmten Stellen brach die Geschichte des Katers ab und setzte sich anschließend in einer völlig anderen Art und Weise fort, und zwar mit einer Geschichte über ein kleines Fürstentum in Deutschland, in der sich der Meister mit all den Dingen schriftlich auseinandersetzt, die er vorzubereiten hat: eine Äolsharfe für das kommende Fest des Fürsten, das anläßlich des Besuchs einiger Gäste stattfindet - einen Entwurf für die Form eines Springbrunnens zu erarbeiten.

Es stellte sich heraus, daß Kater Murr die Rückseite des schon von Meister Abraham beschriebenen Papiers benutzt hatte. Die Drucker bemerkten das jedoch zu spät, so daß der Fehler nicht mehr korrigiert werden konnte. Die gesamte Autobiographie des Katers Murr ist nun so verfaßt, daß man ein paar Seiten über den Kater liest und anschließend ein paar Seiten über die Geschichten von Meister Abraham.

Das Faszinierende daran ist, daß man nach der Lektüre des Buches eine Verkettung der Beobachtungen des Katers Murr mit den Erfahrungen des Meister Abraham erkennen kann. Ganz bestimmt, weil sie am selben Ort, in derselben Umgebung und im selben Kulturkreis leben. Es handelt sich um zwei Geschichten, die sich ergänzen. Für mich war es faszinierend, den Teil über Meister Abraham zu lesen. Ich habe mir sogar an den Ecken der Buchseiten Zeichen gemacht, wo die Geschichte von Meister Abraham fortgesetzt wird, damit ich die Geschichte von Kater Murr überschlagen konnte, zumal Meister Abraham Probleme der Physik in die Welt der Unterhaltung einführte. Die Springbrunnen, die Wasserspiele, die Äolsharfe, die Art, in der er zur Unterhaltung seiner Arbeitgeber Automaten konstruierte usw. usw., faszinierten mich.

Ich wußte, woher Meister Abraham seine Informationen bezog - und zwar aus einem ganz ausgezeichneten Buch. All das wurde von einem Mann namens Wiegleb zusammengetragen. Wiegleb publizierte eine ganze Reihe von Büchern. Ich weiß nicht wieviele und über welche Themen. Viele Bücher befaßten sich mit der Einführung in die natürliche Magie. Es waren Lehrbücher über natürliche Magie. Diese Bücher enthielten alles: über die Herstellung von Käse, das Keltern von Wein, die Herstellung von Äolsharfen, die Beleuchtung im Theater, das Projizieren von Bildern an die Wand, das Schneiden von Scherenschnitten, halt alles. Wiegleb fand auf alles eine Antwort.

Meister Abraham kannte den Wiegleb und benutzte ihn von Zeit zu Zeit, um sich über den Bau eines Automaten oder dies und das und jenes zu informieren. Es lag also auf meinem Gebiet.

Mein Cousin Martin war hingegen von der Autobiographie des Katers Murr fasziniert und in seiner Ausgabe kennzeichnete er die Seiten, um die Geschichte von Kater

Murr hintereinander lesen zu können, ohne daß sie von diesem natürlichen Magier, Meister Abraham, unterbrochen wurde.

Die folgende Episode meiner Geschichte muß sich ungefähr in unserem vierzehnten Lebensjahr ereignet haben. Ich gehe nun zu Kapitel zwei über.

Ich möchte Dir, lieber Paul, nur kurz erzählen, daß mein Cousin Martin und ich den Sommer immer an einem Ort verbrachten, der einem Großonkel gehörte, dem ersten Ehemann meiner Großmutter Marie Lang. Er hieß Theodor Köchert. Wie gesagt, war Theodor Köchert der erste Ehemann meiner Großmutter Marie, und sie hatten einen Sohn namens Erich. Demnach war Erich ein Halbbruder meiner Mutter und meines Onkels Erwin. Onkel Erich erbte von seinem Vater ein unglaublich schönes Anwesen an einem dieser wunderbaren Seen im Salzkammergut. Das ist eine Gegend östlich von Salzburg, wo es einige sehr sehr schöne Seen gibt. Ein See trägt den Namen des Flusses, der durch ihn hindurchfließt, und zwar die Traun. Aus diesem Grund heißt der See Traunsee.

Dieser Onkel besaß ein Grundstück, Hollereck, von ungefähr zwanzig oder dreißig Morgen, das auf einer kleinen Landzunge lag, die in den Traunsee ragte. Gegenüber dem Grundstück, auf der anderen Seite des Sees, befindet sich ein schöner Berg, der Traunstein. Es ist ein großer felsiger Berg mit steilen Abhängen zum Westen und ist schätzungsweise zweitausend Meter hoch. Gesehen vom Hollereck ist er ein eindrucksvoller Anblick.

Die meisten Sommer verbrachten wir auf diesem Grundstück am Traunsee. Der Ort, an dem der Fluß aus dem See fließt, heißt Gmunden. Gmunden und die gesamte Umgebung sind eine außerordentlich alte Region. Direkt im Süden liegt Hallein, wo sich die österreichischen Salzminen befinden, die schon seit der Steinzeit bewirtschaftet werden. Nach der Förderung wurde das Salz durch das Tal transportiert und anschließend auf der Donau Richtung Osten nach Ungarn, Rumänien usw. verschifft. Es sind also außerordentlich alte Regionen, die schon sehr früh besiedelt waren. Gmunden ist eine sehr alte Stadt, die viele faszinierende und interessante Läden hat. In einem dieser Läden wurden gebrauchte Bücher verkauft. Aber vielleicht sollte ich eher sagen, daß es sich um alte, seltene Bücher handelte. Der Laden nannte sich jedoch Gebrauchtbuchladen. Die Besitzerin dieses Buchladens war eine Dame namens Wlk. Sie war eine gebürtige Tschechin, und als wir um die dreizehn oder vierzehn Jahre alt waren, muß sie um die 60 gewesen sein, so kam es uns zumindest vor. Sie war etwas rundlich, ähnelte ein wenig einem Faß und war sehr streng. Wann immer wir diesen Buchladen betraten, nur um ein lächerliches, altes Buch zu kaufen, ein gebrauchtes Buch für vielleicht zwanzig oder dreißig Pfennige, warf sie uns mit den Worten "vergreift euch ja nicht an den Büchern" usw. sofort aus dem Laden.

Wie dem auch sei, sie war eine sehr interessante Frau, die Bibliotheken aufgelöster Schlösser oder Klöster oder ähnlicher Einrichtungen für eine geringe Summe aufkaufte.

Wie es nun einmal so ist, habe ich noch einen anderen Onkel, namens Goldschmidt. Dieser Onkel kam aus sehr reichem Hause. Er war ebenso alt wie mein Onkel Erwin, und beide hatten gemeinsam die Schule besucht. Nun, der Vorname meines Onkels Goldschmidt war Ernst, alle nannten ihn jedoch Emsterl. Keiner in Wien nannte ihn Ernst. Emsterl drückte mit Erwin die Schulbank, anschließend ging er auf das Gymnasium. Schon damals war er ein aufgeweckter Junge. Er war ein sehr guter Schüler, er wußte alles, keine noch so komplizierte Frage konnte ihn in Verlegenheit bringen. Mein Onkel Erwin hingegen wußte nichts. Er machte nie seine Hausaufgaben, viel lieber spielte er Fußball, das war seine Lieblingsbeschäftigung. Emsterl jedoch faszinierten die Bücher, und er las sehr viel, so daß er alle Prüfungen bestand.

Wie all meine Verwandten, hat er sich schon als kleiner Junge gegen jede Art von Autorität aufgelehnt.

Er hatte eine besondere Art, gegen jede Autorität zu rebellieren, zumal die Autoritäten, die Lehrer, nichts gegen ihn unternehmen konnten, weil er alles wußte; er hatte in allen Fächern eine Eins. Er plagte sie also mit anderen Mätzchen.

So befinden sich z.B. in Österreich die Nähte der Hosen an den Außenseiten der Beine. Demzufolge befindet sich die Naht des rechten Hosenbeins auf der rechten Seite, die des linken auf der linken Seite. Es gibt einen österreichischen Befehl: "Hände an die Hosennaht!" Das heißt soviel wie "Stillgestanden!"

Die britischen Hosen sind dagegen anders genäht, ihre Nähte befinden sich auf der Innenseite der Hosenbeine. Die Naht des linken Hosenbeins befindet sich demzufolge auf der rechten Seite, auf der Innenseite, und die des rechten Hosenbeins auf der linken. Wenn der Lehrer also befahl, "Hände an die Hosennaht!", fuchtelte Emsterl herum, suchte nach seinen Nähten, kreuzte seine Arme und legte seine rechte Hand an die Innenseite des linken Hosenbeins usw. Er dachte sich all diese Dinge aus, um seine Lehrer zu peinigen, die ansonsten versuchten, die Kinder zu quälen. Gegen Emsterl waren sie jedoch machtlos.

Emsterl entwickelte sich zu einem Bücherwurm, wie er sich selbst nannte. Ihn faszinierten alle Bücher, schöne Ausgaben und edle Einbände. Mit dreiundzwanzig, vierundzwanzig Jahren, oder vielleicht etwas später, schrieb er seine Doktorarbeit über verzierte Einbände der Bücher des 15. Jahrhunderts, der sog. Inkunabeln. Er war der Fachmann für Einbände, und jedermann benutzte das Goldschmidt-Buch über Einbände als Nachschlagewerk.

Er entwickelte ein starkes Interesse für alle Bibliotheken in Österreich. Die meisten Klöster, die vielleicht im 12., 13., 14. oder 15. Jahrhundert gegründet wurden, besaßen Inkunabeln, viele andere Druckerzeugnisse, natürlich viele, viele Manuskripte und eine Sammlung von Büchern aus den frühesten Zeiten des Buchdrucks. Er studierte diese Bibliotheken und wußte ganz genau, wo sich jedes einzelne Buch befand, so daß sich z.B. die riesige Bibliothek des großen Klosters von Melk mit seinen vielleicht über 500.000 Bänden beim Suchen eines Buches schriftlich an E.P. Goldschmidt in London wandte und fragte: "Befindet sich dieses Buch in unserem Besitz, und wissen Sie, wo es steht?" Daraufhin würde er zurückschreiben, "Ja, natürlich haben Sie dieses Buch. Es steht auf der fünften Position dieses oder jenes Regals in diesem oder jenem Stockwerk."

Er war über das, was sich auf diesem Gebiet abspielte, sehr gut informiert und eröffnete einen Buchladen für

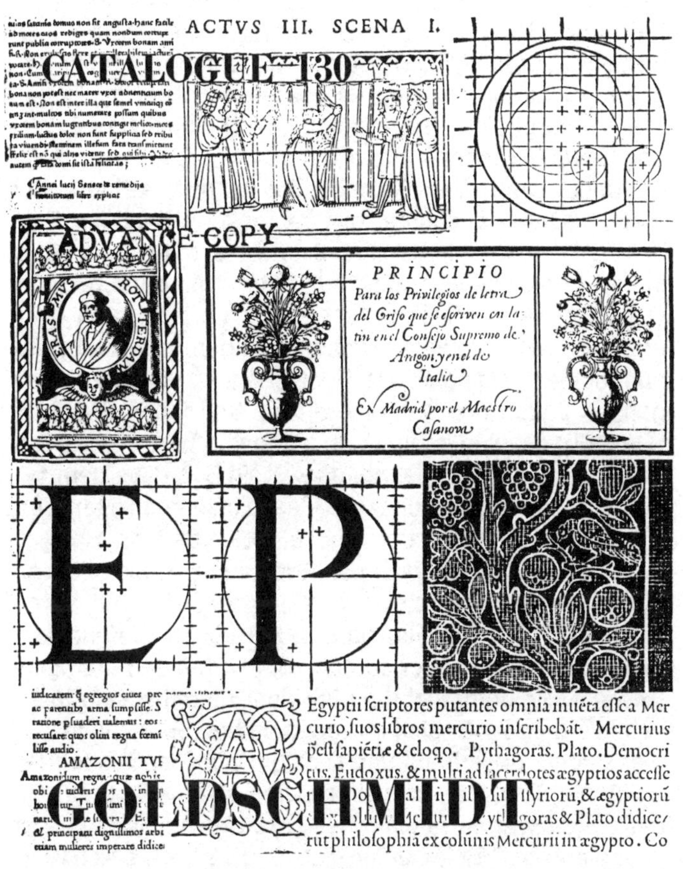
ACTVS III. SCENA I.
CATALOGUE 130
ADVANCE COPY
ERASMUS ROTERDAM
PRINCIPIO
Para los Privilegios de letra del Griso que se escriven en latin en el Consejo Supremo de Aragon y en el de Italia
En Madrid por el Maestro Casanova
AMAZONII
GOLDSCHMIDT
Egyptii scriptores putantes omnia inuēta esse a Mercurio, suos libros mercurio inscribebāt. Mercurius

alte und seltene Bücher: "E.P.Goldschmidt, Alte und Seltene Bücher, 45 Old Bond Street, London, W1". Es ist dasselbe Haus, in dem Laurence Sterne gestorben ist. Eine Inschrift auf der Fassade besagt: "Dies ist der Ort, an dem Laurence Sterne starb". Ich weiß nicht mehr das genaue Datum, ich habe es vergessen. Aber in diesem Haus befand sich das Antiquariat E.P.Goldschmidt, Alte und Seltene Bücher.

Immer wenn E.P. Goldschmidt nach Wien kam oder meinen Onkel besuchte, ging er anschließend zu Frau Wlks Alte und Seltene Bücher, da sie manchmal recht interessante Sachen eingekauft hatte. Und dort ereignete sich eine sehr interessante Geschichte. Ich kann mich erinnern, als er einmal furchtbar aufgeregt in Hollereck auftauchte. Er ging in den Buchladen, durchforstete den ganzen Laden und sah sich dieses und jenes Buch an. Schließlich schlug er ein Buch auf, das offenbar völlig uninteressant war. Ich glaube, es war ein Buch aus dem 16. oder 17. Jahrhundert über die Geschichte des Rittertums. Er betrachtete das Buch und glaubte, daß es ziemlich belanglos wäre. Er schlug das Buch auf. Und als er einige Seiten umblätterte, stellte er fest, daß sich auf deren Rückseite ein eindeutig ganz früher Druck befand, der wohl aus dem 15. oder späten 15. Jahrhundert stammte. Er war völlig überrascht, mußte aber natürlich sein Interesse verbergen. Er ging im Laden umher, betrachtete sich dieses und jenes Buch und schlug schließlich wieder das erwähnte Buch auf. Er blätterte eine andere Seite um. In der Tat, es war ein lateinischer Text. "Meine Güte, das ist ja unglaublich!" Er las einen Satz und versuchte sich Klarheit über diese in Latein verfaßte Geschichte auf den

Rückseiten des Buches über das Rittertum zu verschaffen. Es war ein exaktes Pendant zu der Geschichte des Katers Murr, wo auf der einen Seite des Buches die Geschichte des Katers Murr und auf der Rückseite die Geschichte des Meisters Abraham erzählt wird.

Er versuchte die Bedeutung der Sätze zu entziffern, wer sie geschrieben hat, und in welchem Latein sie verfaßt sind. Er ging nochmals durch den Laden und tat, als ob er rein zufällig zu dem Buch zurückkehrte. Er las noch einen Satz und dachte sich: "Es kann sich nur um eins handeln, und zwar um Tacitus' *Germania*." Um Tacitus, den römischen Historiker, der über die frühe germanische Kultur, Geographie und Geschichte geschrieben hat. Ganz offensichtlich, so schoß es ihm durch den Kopf, muß jemand dieses Buch über das Rittertum auf Papier gedruckt haben, das auf der einen Seite schon einmal bedruckt war, und zwar mit Tacitus' *Germania*. Also kaufte er sich bei Frau Wlk ein Buch, legte noch ein zweites hinzu und fragte, "Was kostet das?" Und mit einer Unschuldsmiene fügte er hinzu: "Ich glaube, das Buch über das Rittertum kauf ich wohl auch noch, was kostet das?" Frau Wlk addierte die Preise, und mein Onkel mußte ungefähr 80 oder 90 Dollar für sechs oder sieben Bücher bezahlen. Die Bücher wurden in braunes Packpapier gewickelt, er bezahlte und verließ ganz langsam Frau Wlks Buchladen. Nachdem er den Laden verlassen hatte, rannte er zu einem Taxistand, sprang ins Auto und sagte, "Fahren Sie mich nach Hollereck!" Er packte die Bücher aus, drehte das Ritterbuch um und stellte fest, daß es tatsächlich Tacitus' *Germania* war, und zwar eine fast vollständige Ausgabe. Das heißt, daß er für vielleicht dreißig oder vierzig Dollar etwas gekauft hatte, das er später, so weit ich weiß, für zwanzig- oder dreißigtausend Dollar an die Deutsche Staatsbibliothek in Berlin verkaufte, die unbedingt eine frühe lateinische Ausgabe von Tacitus' *Germania* haben mußte, von der es, soweit ich weiß, nur ein oder zwei Ausgaben gibt.

Dies waren nur einige Hintergrundinformationen über Frau Wlk. Ich möchte nun wieder auf Heinz und Martin zurückkommen, die ihre Sommerferien in Hollereck, dem Haus meines Onkels Erich, verbrachten. Wir besaßen natürlich Fahrräder, und hin und wieder mußten wir nach Gmunden fahren, um dies oder das zu erledigen oder Öl für unsere Fahrräder zu kaufen. Jedes Mal, wenn wir nach Gmunden fuhren, schauten wir bei Frau Wlk herein und sahen uns um. Eines Tages, als wir, glaube ich, dreizehn oder vierzehn Jahre alt waren, es muß also 1924 oder 1925 gewesen sein, kamen wir wieder an dem Laden vorbei und sahen im Schaufenster ein zwanzigbändiges Werk, dessen erster Band aufgeschlagen war. Es handelte sich um Wieglebs *Lehrbuch zur natürlichen Magie*. Ich sagte: "Mein Gott, das ist der Wiegleb!", und Martin erwiderte, "was?", und ich fuhr fort, "natürlich, das ist der Wiegleb, die *Einführung in die natürliche Magie*, die alten Bücher über Physik." Gemeinsam gingen wir in den Laden.

Ich sagte: "Liebe Frau Wlk, ich sehe, Sie haben Wieglebs Lehrbuch über Magie, können Sie mir sagen, wieviel diese zwanzig Bände kosten?" Und sie erwiderte: "Nun, jeder Band kostet ungefähr zwei Schilling, so daß die Gesamtausgabe zwanzig mal zwei, also vierzig Schilling kostet." In DM umgerechnet wären das heute ungefähr

Die natürliche Magie,

aus allerhand belustigenden und nützlichen Kunststücken bestehend,

zusammengetragen

von

Johann Christian Wiegleb.

Erster Band.

Mit Kupfern.

Dritte und vermehrte Auflage.

Berlin und Stettin,

bey Friedrich Nicolai,

zweiunddreißig Mark. Aber im Alter von vierzehn Jahren hatte man keine vierzig Schilling bei sich, das war ausgeschlossen. Allerhöchstens hatte man zwei oder fünf Schillinge in der Tasche. Wir hatten also nicht soviel bei uns, um den Wiegleb zu kaufen.

Aus diesem Grund sagten wir: "Frau Wlk, verkaufen Sie bitte nicht den Wiegleb, nehmen Sie ihn aus dem Fenster, wir kommen sofort wieder, nachdem wir das Geld zusammenhaben, um die Bücher zu kaufen." Sie erwiderte: "Gut, ich werde sehen, was ich machen kann. Ich kann sie aber nicht zu lange für Euch Buben zurückhalten, Ihr wißt, nicht zu lange." "Nein, nein, nein, wir werden sofort zurücksein."

Wir sprangen beide auf unsere Fahrräder. Martin schoß in die eine Richtung, ich in die andere. Ich dachte, daß ich mir diese vierzig Schilling von irgendeinem Verwandten oder vielleicht von einem meiner Freunde borgen könnte. Die Freunde waren nicht zu Hause, keiner war anzutreffen. Ich konnte kein Geld auftreiben, es war absolut unmöglich. Also fuhr ich auf Teufel komm raus nach Altmünster, das ungefähr drei bis vier Kilometer von Gmunden entfernt ist. Endlich kam ich in Altmünster an. Ich raste zu einem Bekannten, und endlich hatte ich die vierzig Schillinge zusammen. Ich sprang auf mein Fahrrad, raste zurück nach Gmunden und eilte zum Laden von Frau Wlk.

Ich kam völlig schweißgebadet an, stellte mein Fahrrad um die Ecke, sah ins Schaufenster, und die Bücher waren weg. Kein Wiegleb. Ich ging in den Buchladen und fragte Frau Wlk: "Frau Wlk, ich hab die vierzig Schilling, ich würde gern die Wieglebs kaufen, das Lehrbuch zur natürlichen Magie, zwanzig Bände." Sie antwortete: "Es tut mir leid, mein Junge, ich habe sie schon verkauft." "Nein. Was? Sie haben sie verkauft?" "Ja. Ich hab zwar versprochen, es für Dich zurückzulegen, aber Du bist zu spät." "Aber, um Himmels Willen, wer hat sie gekauft?" "Der andere Junge, der mit Dir gekommen ist." "Aha, vielen Dank." Das war natürlich eine große Erleichterung, wunderbar. Ich verließ den Laden, stieg auf mein Fahrrad und konnte nur langsam zurück nach Altmünster radeln, um meinen Cousin Martin aufzusuchen.

Wenn ich heute an diese Geschichte zurückdenke, dann sehe ich, wie die Göttin Pallas Athene, wie bei Homer, vom Olymp heruntersteigt, um die Affairen der Menschen zu lenken. Damals stellte sie sich hinter Martin, unsichtbar für uns beide.

Ich kam also bei Martin an, und da standen sie, die zwanzig Bände, Wieglebs Lehrbuch über natürliche Magie. "Großartig", sagte ich, "wunderbar. Du hast es geschafft. Ich habe auch die vierzig Schillinge, wir können die Bücher gemeinsam studieren." So in dieser Art war wohl mein Vorschlag. Aber Athene stand hinter Martin, und er sagte: "Nein, wie Du weißt, habe ich die zwanzig Bände gekauft." Ich erwiderte: "Natürlich, Du hast sie gekauft, das ist wunderbar, nun haben wir die Bände." "Nein", sagte er, "*ich* habe die Bände." "Was meinst Du damit, *Du* hast die Bände?" "Da ich sie gekauft habe, gehören diese zwanzig Bände natürlich mir." Ich sagte: "Aber Martin, Du weißt ja gar nichts damit anzufangen. Es geht ausschließlich um Physik." "Nein, nein, es ist natürliche Magie. Ich hätte diese Bände gern für mich. Wenn Du aber eins lesen möchtest, würde ich es Dir gern ausleihen. Aber nur einen einzelnen Band auf einmal. Du kannst sie Dir ausleihen, kein Problem." Ich sagte: "Aber Martin, das ist doch verrückt, es handelt doch ausschließlich über Physik." "Nein, Physik, Schmysik, das spielt keine Rolle, es ist die Einführung in die natürliche Magie, und ich habe die Bände gekauft, ich habe sie bezahlt, und wenn Du willst, kannst Du sie Dir anschauen."

Das hat mich etwas enttäuscht und ich sagte mir, daß das irgendwie gemein sei, da er überhaupt nichts mit ihnen anfangen kann und ich dürfte sie mir nur anschauen! Die Ausgabe enthält zum Glück einen wunderbaren Registerband, in dem man alles nachschlagen kann und exakte Angaben findet, wo das Gesuchte zu finden ist. Auf jeden Fall ist dies das Ende des zweiten Teils der Geschichte über die zwanzig Bände.

Nun gut, wir blieben natürlich zusammen, bis zum Oberschulabschluß. Mit achtzehn machten wir das Abitur, und dann ging jeder seiner Wege. Er ging ans Theater und arbeitete zuerst in Berlin. Anschließend ging er zum Film und wurde Assistent bei einigen seinerzeit sehr namhaften Regisseuren. Ich stürzte mich natürlich ins Physikstudium an der Wiener Universität und dem Technologischen Institut Wien usw. Wir wanderten also in verschiedene Richtungen. Dann brach nach einigen Jahren der Zweite Weltkrieg aus, und die Bombardierungen setzten ein.

Ich hatte mich damals in eine Schauspielerin vom Theater in der Josephstadt sehr verliebt, und habe sie überredet, meine Frau zu werden. Für sie war es offenbar keine Enttäuschung, denn, lieber Paul, in etwa zwei Jahren, am 11. November 1989 um genau zu sein, feiern wir unsere goldene Hochzeit. Wir lebten dann in Berlin.

Martin wurde unglücklicherweise eingezogen und wurde Soldat in der deutschen Armee. Bald stellte man jedoch fest, daß seine Fähigkeiten über den Gebrauch einer Waffe hinausgingen. Er durfte als Zauberkünstler arbeiten. Er wurde einer der großen Künstler in der deutschen Armee und reiste von Frankreich nach Rußland, nach Serbien, Italien und aller Herren Länder und trat überall auf. Er brauchte niemals ein Gewehr in die Hand nehmen, außer während der Grundausbildung, wo er natürlich mit diesen tödlichen Instrumenten herumhantieren mußte.

In Berlin wurden wir bald ausgebombt und verloren fast alles, und natürlich auch die Bücher (ich sehe Pallas Athene lächelnd vom Olymp herunterschauen). Ein paar Sachen konnten wir noch bei der Umlagerung nach Schlesien mitnehmen. Dann kamen die Russen und nahmen alles fort. Ich konnte nur ein paar Kleinigkeiten, darunter zwei oder drei Bücher retten. Eines war sehr wertvoll, es war eine Sonderausgabe von Dantes *La Divina Commedia*. Ich verstaute das Buch in meinem kleinen Koffer, weil es eine in Leder gebundene Dünndruck-Sonderausgabe war. Nach dem Krieg, als keine Zigaretten aufzutreiben waren, kam mir das ganz gelegen. Wenn ich ein wenig Tabak organisieren konnte, benutzte ich die letzten Seiten des *Paradiso*, das ich schon immer etwas lächerlich fand, als Zigarettenpapier, so daß ich mir meine eigenen Zigaretten drehen konnte.

In den Jahren 1945, 1946, ließ ich das *Paradiso* sozusagen in Rauch aufgehen. Glücklicherweise konnte ich mir später Zigarettenpapier organisieren. Nur die letzten

Gesänge des *Paradiso* sind als Zigarettenpapier draufgegangen.

Nun gut, die Lage beruhigte sich wieder. Mai, unsere drei Jungen und ich waren schon seit einigen Jahren in die Vereinigten Staaten ausgewandert. Ich fuhr alle drei oder vier Jahre nach Wien, und bei einem meiner Besuche hatte sich Martin in einer neuen Wohnung in Wien eingerichtet. Zwischenzeitlich hatte er eine sehr charmante Frau geheiratet und hatte auch eine Tochter. Er hat erst ziemlich spät geheiratet und hatte sich eine wunderschöne Wohnung direkt gegenüber einem der schönsten kaiserlichen Schlösser Österreichs, Schönbrunn, eingerichtet. Dieses Schloß besteht aus einem dominierenden Gebäudekomplex und wunderschönen Gärten an einem Berghang, auf dessen Spitze ein bezaubernder Ausguck steht, der unter dem Namen Gloriette bekannt ist.

Martin, seine Frau und seine Tochter gingen in diesen bezaubernden Parkanlagen der habsburger Kaiser spazieren. Die Anlagen mit ihren Rosen- und Liliengärten und Springbrunnen sind noch gut erhalten. Bei einem meiner Wienbesuche, die ich immer bei Martin verbrachte, sagte er: "Übrigens, Heinz, ich möchte Dir eine Überraschung machen." "Das ist aber sehr nett", sagte ich. "Ich habe gerade all meine Bücher in Regale eingeordnet, und bin dabei auf einige Bücher gestoßen, die ich nicht mehr unterbringen kann." "Und um welche Bücher handelt es sich?", fragte ich. "Nun, um zwanzig Bände." "Zwanzig Bände wovon?" "Komm und sieh selbst."

Ich sah mir die Bücher an. Es war der Wiegleb, der in Wien überlebt hat, jedoch total verbrannt wäre, wenn er sich in meinem Besitz befunden hätte. Ich glaubte ein schwaches Donnern zu hören. War das Pallas Athene? Und Martin fuhr fort: "Nun gut, Heinz, wenn Du den Wiegleb gebrauchen kannst, hier steht er, er gehört Dir." Ich sagte: "Das ist wunderbar, denn ich kann ihn immer gebrauchen." Er verpackte die Bände für mich in einem Karton und schickte sie an meine Adresse. Sie sind bei mir zu Weihnachten, ich glaube es war 1982, in Pescadero angekommen. Da ich diese Bände ständig benutze, stehen sie direkt auf meinem Schreibtisch. Und hier stehen sie auch jetzt und sind eine sehr gute Quelle für meine physikalischen Studien und für meinen Einblick in eine Kultur, die diese Wissenschaft entwickelt hat. Paul, wenn Du mich das nächste Mal besuchst, solltest Du sie Dir einmal ganz genau anschauen.

Aber ich möchte noch eine Kleinigkeit hinzufügen. Als ich noch an der Universität von Illinois tätig war, kursierte das Gerücht, daß ich ehemals als Zauberkünstler aufgetreten sei. Aus diesem Grund bat mich - es muß etwa 1961 gewesen sein - die Gesellschaft für Wissenschaftsgeschichte - eine sehr renommierte Gesellschaft an der Universität von Illinois - einen Vortrag über die Geschichte der Magie zu halten. Ich fand diesen Vorschlag wunderbar und willigte ein. Mir war natürlich eine Informationsquelle über die Geschichte der Magie bekannt, und zwar Wieglebs Lehrbuch über natürliche Magie. Ich willigte also ein. Ich hatte viel Zeit. Ich glaube, der Vortragstermin wurde zwei oder drei Monate im voraus angekündigt. Ich ging zu der ausgezeichneten Universitätsbibliothek, um herauszufinden, ob es in Illinois einen Wiegleb gäbe.

Es gab keinen Wiegleb. Ich ging demzufolge zur Fernleihe und sagte: "Ich hätte gern ein Buch und kann ihnen die exakten bibliographischen Daten geben." Natürlich kann man in fast allen Büchern über die Geschichte der Wissenschaften und der Magie Literaturhinweise auf Wiegleb finden.

Ich gab ihnen die bibliographischen Daten und wartete und wartete. Ich ging nochmals zur Bibliothek und fragte: "Was ist los? Ich habe dieses Buch vor Unzeiten bestellt?" Und man sagte mir: "Wir haben in sämtlichen Staaten der USA nachgefragt, in allen Bibliotheken, die mit uns über Fernleihe verbunden sind. Aber weder in der Library of Congress noch in irgendwelchen anderen Bibliotheken war ein Wiegleb ausfindig zu machen." Ich sagte, daß das sehr bedauernswert wäre und ich mich mit anderer Literatur behelfen müßte. Gewiß, es gibt Berge von Büchern über Magie; und ich mußte mich mit einigen anderen Büchern begnügen. Ich wollte diese kleine Anekdote nur als eine Fußnote zu meiner Geschichte über den Wiegleb beifügen.

Mit dieser Anekdote möchte ich schließen, zumal ich glaube, daß die Tonbandkassette schon halbvoll ist. Ich möchte folgendes vorschlagen: Ich werde das nächste Mal die Hauer-Geschichte erzählen, die, in gewissem Sinne, mit meinem Onkel Erich zusammenhängt, dem in Altmünster dieses wunderschöne Anwesen, Hollereck am Traunsee, gehört. Hauer steht in Verbindung mit den Köcherts, den großen Gönnern von Hugo Wolf. Sie hatten es sich zur Aufgabe gemacht, Komponisten zu protegieren, die sich nicht dem traditionellen Gefüge der Komposition unterwarfen. Von einem gut bürgerlichen Standpunkt gesehen, wirken sie etwas "daneben", ein bißchen verrückt, und leben am Rande sozialer Existenz. Diese Leute wurden von den Köcherts gefördert. Sie nahmen sich insbesondere derjenigen an, die ansonsten von keinem unterstützt wurden. Die Köcherts waren sehr reich. Sie besaßen einen der renommiertesten Juwelierläden in Wien und konnten sich aus diesem Grunde ohne weiteres leisten, als Mäzene aufzutreten.

Nun, über Matthias Hauer möchte ich ein andermal berichten. Vorerst sollte ich die Cassette einpacken, um sie Dir zu schicken, um Dich ein wenig mit der Wiegleb-Geschichte zu erfreuen. Ich habe auch ein paar Fotografien von Grete Wiesenthal und meiner Mutter. Vielleicht fertige ich einige Kopien von diesen Fotos an. Ich habe zwar nur die kleine Kopiermaschine von Canon, aber sie macht recht gute Abzüge. Nur damit Du eine gewisse Vorstellung von ihnen bekommst. Ich schicke Dir also in einem separaten Umschlag einige dieser Fotos von Grete Wiesenthal, von meiner Mutter Lilith, von Heinz und Martin und Lilith und Grete. Ich werde sie suchen, und wenn ich sie finde, werde ich sie kopieren und sie Dir in einem gesonderten Umschlag schicken.

Viele liebe Grüße an jeden einzelnen Deiner wunderbaren Familie. Es war mir ein großes Vergnügen, in Deiner Küche zu sitzen und Dir ein wenig über Österreich, über mich und meine Familie und Martin zu erzählen.

Heinz

Pescadero, 17.-18. Oktober 1987

Einführung in die 12-Ton-Musik

Hallo, lieber Paul!

Ich kann es kaum glauben, daß es schon Jahre her ist, daß ich Dir die Geschichte von den 20 Bänden *Einführung in die Natürliche Magie* von Wiegleb erzählt habe. Denn heute erst möchte ich mein Versprechen von damals, nämlich Dir etwas über meine Beziehung zu Hauer und seiner 12-Ton-Musik zu erzählen, einlösen. Der Anlaß dafür ist, daß Peter Gente vom Merve Verlag in Berlin einen fast 50 Jahre alten Zeitungsartikel von mir über Hauer entdeckt* und von meinem Versprechen Dir gegenüber gehört hat. Er möchte gerne diesen alten Artikel mit meiner Erzählung für Dich verbinden und, vielleicht, zusammen mit einer kleinen Sammlung Foerstereien veröffentlichen.

Also, wie kam ich zu Joseph Matthias Hauer?

Ich kam zu Joseph Matthias Hauer über meinen Onkel Erich Köchert, dem Halbbruder meiner Mutter, der ein wunderschön gelegenes Gut Hollereck am Traunsee besaß. Wie ich Dir schon erzählt habe, waren die Köcherts Gönner ungewöhnlicher Komponisten, wie zum Beispiel Hugo Wolf. Auch Hauer war einer von ihnen. Wie, wann und wieso Hauer unter die Fittiche der Köcherts kam, weiß ich nicht. Die Schützlinge der Köcherts waren oft Gast in ihrem gastlichen Haus, in dem Tante Gertrud, Erichs Frau, still und fürsorglich jedes Treffen der vielen Gäste in eine kleine Feier zu verwandeln versuchte. Dann

* A.d.R.: Ein Artikel, den Peter Weibel ihm übergeben hat.

war da noch der liebe Gotfrid, der Sohn des Hauses, ein paar Jahre jünger als Martin und ich. Das Haus war immer offen auch für unsere Generation, die noch Verstärkung von unseren Cousins und Cousinen, Paul, Heinz, Matthias und Lisl Wittgenstein, Neffen und Nichten des Philosophen Ludwig, die alle ganz nahe auf einem ähnlich schönen Platz ihr Haus hatten.

Es muß wohl ein Sommertag im Jahre 1927 gewesen sein, an dem die gerade verweilenden Verwandten und Freunde, mich eingeschlossen, um den großen Familientisch im Hause Köchert bei einem köstlichen Mittagessen saßen und Hauer zuhörten, der von seinen 12-Ton-Spielen sprach: "Das Rückgrat eines 12-Ton-Spiels", so erklärte er, "ist eine Reihe von 12 Tönen, in der jeder der innerhalb einer Oktave liegenden 12 Töne ein- und nur einmal vorkommen darf." Er erklärte dann weiter, daß es einfach wäre, ein 12-Ton-Spiel zu "komponieren", nämlich, die Namen der 12 Töne innerhalb einer Oktave, also c, cis, d, dis, e, f, ..., auf 12 Zettel zu schreiben, die in einen Hut zu werfen, den gut zu schütteln, und dann einen Zettel nach dem anderen herauszuholen und die Namen zu notieren. Die sich so ergebende Folge ist dann, sozusagen, die "Signatur" dieses soeben "komponierten" 12-Ton-Spiels. Und dann sagte er: "Wie man leicht sieht, gibt das beinahe unendlich viele verschiedene solche Folgen." Da unterbrach ich seine Erzählung: "Ja, Sie haben ganz recht. Es gibt 'beinahe' unendlich viele solche Folgen, das heißt es gibt eine endliche Anzahl solcher Folgen. Und wenn Sie wollen, kann ich das für Sie ausrechnen." Onkel Erich: "Frecher Lausbub, mußt Du immer wen unterbrechen mit Deinen dummen Bemerkungen!" Hauer:

Joseph Matthias Hauer
Holzschnitt von Erwin Lang, 1947

"Sag', wieviel solche Folgen?" Ich: "Das kann ich Ihnen in 20 Minuten sagen", stand auf und sprang hinauf in mein Zimmer, um das schnell auszurechnen. In der Kombinatorik sind das die Permutationen, P, von N ungleichen Objekten, und die Formel für P ist P!, gesprochen P-Fakultät, und ist das Produkt von 1x2x3x4x...N. Also mußte ich mir nur das Produkt 1x2x3...x12 ausrechnen und, da ich leider oft Fehler mache, vorsichtshalber zweimal rechnen. Das Resultat: 12! = 479.001.600.

Nach etwa 20 Minuten kam ich wieder hinunter. "Da kommt er schon wieder, der Störenfried", hieß es; alle hatten schon ihren Apfelstrudel gegessen, und ich gab Hauer den Zettel mit der Anzahl der möglichen 12-Ton-Folgen: vierhundertneunundsiebzigmillionentausendsechshundert.

"Hm", sagte Hauer, "wieviel solche Folgen mit vier Noten?" Ich: "Da gibt es eine einfache Formel." Tante Gertrud: "Das ist doch schrecklich! Jetzt zieht er gar das Geniale, das Künstlerische, hinunter in die Banalität der Formeln!" Ich: "Aber eine Formel ist doch auch etwas Geniales." Onkel Erich: "Jetzt aber genug mit dem Unsinn." Hauer: "Also wieviel?" Ich: "1 mal 2 ist 2; 3 mal 2 ist 6; 4 mal 6 ist 24; mit vier verschiedenen Tönen, wo jeder nur einmal vorkommt, gibt es genau 24 verschiedene Tonfolgen." Hauer: "Komm, das muß Du mir erklären." So standen wir auf und Hauer lud mich ein, mit ihm in das Gästehaus, einem entzückenden kleinen Haus mit Aussicht auf den See und Traunstein, zu kommen.

Bald war es klar, daß ich seine Frage mißverstanden hatte, denn nicht 4 gegebene Töne sollten permutiert werden, sondern es war die Frage, auf wieviel Arten die 12

Töne der Oktave in Gruppen von 4 Tönen geordnet werden können. Hauer nannte diese Vierergruppen "Tropen", die, wie er mir später erklärte, eine wichtige Rolle in seiner Kompositionslehre spielten.

Auch diese Zahl ist leicht auszurechnen. Aber was mich intrigierte, war, warum Hauer sich immer auf die 12 Töne innerhalb der Oktave bezog, und nicht auf die 7 Töne (daher "Oktave", als die Spanne zwischen dem ersten und dem letzten Ton) jeder natürlichen Skala.

Hauer: "Das ist, weil die Deppen nicht wissen, was sie da spielen. Es gibt ja die Töne, die zu den Noten c, cis, d, dis etc. gehören, überhaupt nicht mehr. Die ganze Notenschrift mit den 5 Linien ist eine Lüge. Was da geschrieben und gespielt wird, ist reinster Schwindel."

Er ging zu seinem Schreibtisch und holte ein Bündel Papiere hervor, die wie Notenpapier, aber auch nicht wie Notenpapier ausschauten. Statt 5 Linien mit gleichen Zwischenräumen waren hier 8 Linien mit ungleichen Zwischenräumen.

Ich schaute das Papier mit Interesse an, konnte aber nichts damit anfangen. Hauer bemerkte mein Unverständnis: "Dreh' doch das Papier um 90°, so daß die Linien von oben nach unten laufen."

Aha! Jetzt konnte ich sehen, daß das Liniensystem ein Abbild der Klaviatur darstellt, in dem die Linien die schwarzen, die Zwischenräume die weißen Tasten bedeuten: "Ich sehe, das ist eine andere Schrift, aber das sind doch keine anderen Töne?"

Hauer: "Das ist eine Schrift, die den Tönen entspricht, die seit 200 Jahren, seit Johann Sebastian Bachs 'Das wohltemperierte Klavier', gespielt werden."

Ich: "Ja, sind denn das 'andere' Töne?"

Hauer erklärte mir geduldig, daß ein Schweizer Meister für Musikinstrumente ein Cembalo neu, "wohltemperiert" gestimmt hatte, bei der alle Halbtöne das gleiche Verhältnis zueinander hatten, also nicht, wie bei der "reinen Stimmung", dieses Verhältnis einmal größer einmal kleiner werden muß, um das "Pythagoräische Komma" verschwinden zu lassen. So hat also tatsächlich die 12-Ton-Skala, das heißt, die "wohltemperierte" Skala, die allen gebundenen Instrumenten (Gitarre, Laute, Mandoline...) und allen Klaviaturen zu Grunde liegt, außer dem Grundton und seiner Oktave keinen einzigen Ton mit der reinen Stimmung der 7stufigen Skala gemeinsam.

Soweit ich mich erinnere, wird dann eine einmal bestimmte 12-Ton-Folge harmonisiert, indem jedem Ton, nach bestimmten Regeln, drei andere zugeordnet werden, so daß der so entstandene Vierklang eine "harmonische Einheit" definiert. Da spielt, wie ich glaube, die Theorie der Tropen eine wichtige Rolle.

Es dürfte wohl auch in diesem Sommer gewesen sein, in dem Hauer an einer neuen Oper "Salambo" arbeitete und uns abends Kostproben zu hören gab. Da saßen in einem alten Salzburger Bauernhaus angesehene Wiener Bürger, versunken in das Anhören eines seltsam aussehenden Klavierspielers, der uns mit krächzender Stimme die Liebesschreie einer Karthagischen Priesterin aus Hamilkars Zeiten mit noch nie gehörten duodekadischen Klängen näher bringen wollte.

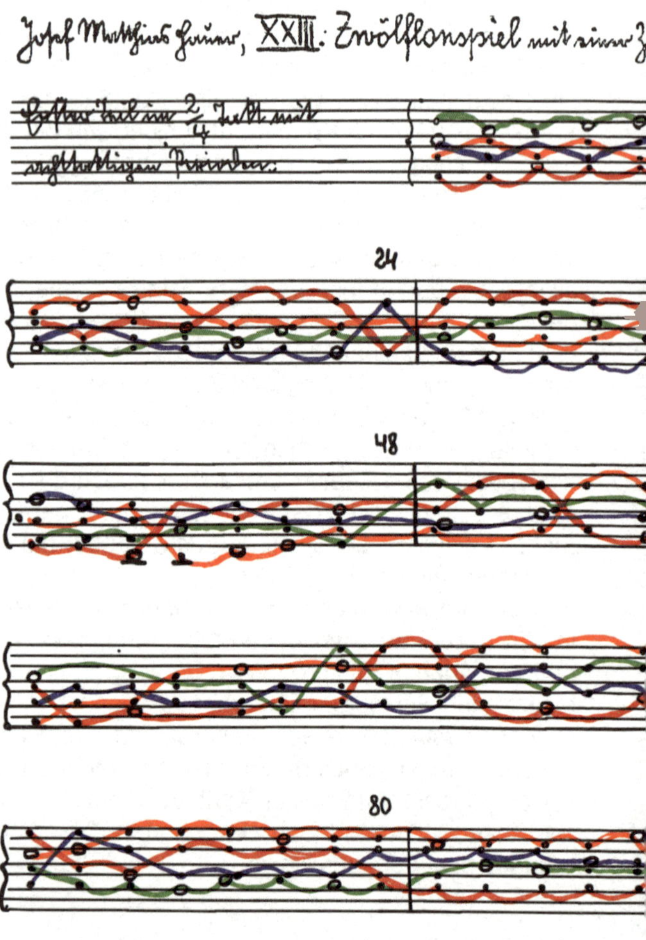

*Aus AGATHON, ALMANACH AUF DAS JAHR * 1946 *
Agathon Verlag, Wien 1946, S. 176*

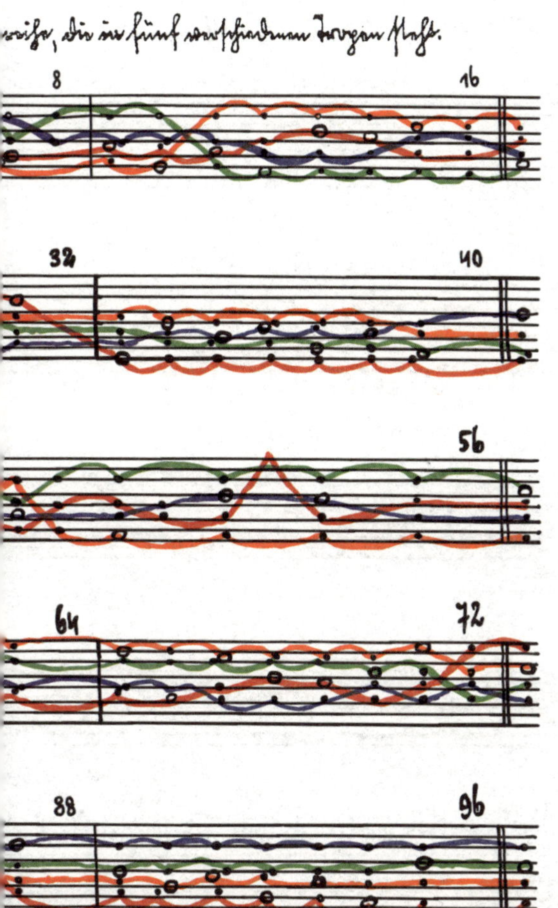
8
16
32
40
56
64
72
88
96

Melischer Entwurf in der Zwölftonschrift.

Zweiter Teil im $\frac{3}{4}$ Takt
mit sechstaktigen Perioden:

18

54

Die Zwölftonreihe wurde im ersten Teil u
im zweiten Teil in der ursprünglichen Fo

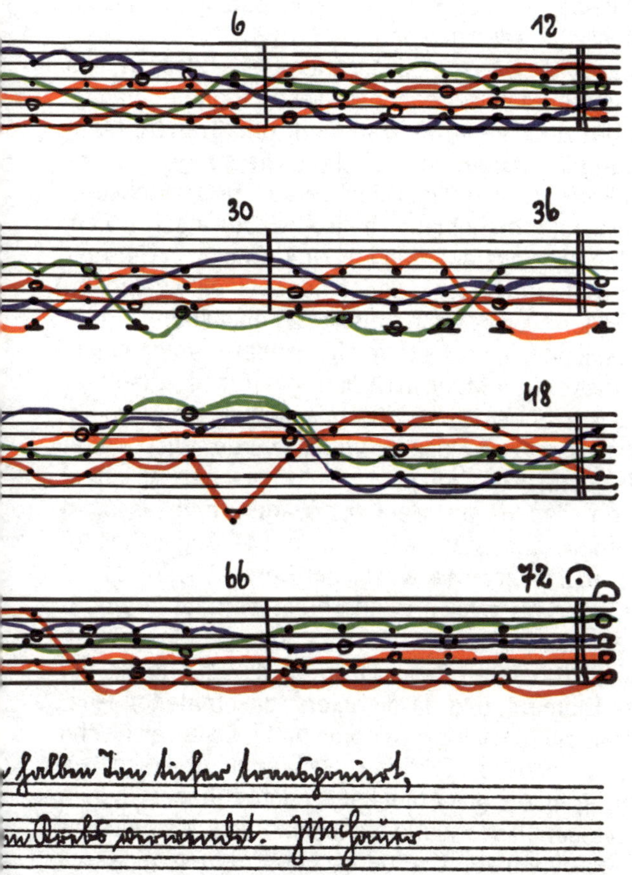

6
12
30
36
48
66
72
halben Ton tiefer transponiert,
Quartett verwendet. JMHauer

Lieber Paul, jetzt kommt ein Sprung von etwa zwei Jahrzehnten, mit dem ich Dir die Geschichte meiner Beziehung, vielleicht nicht so sehr zu Hauer persönlich, als zu seiner Musik, fortsetzen kann.

Es war 1945. Die apokalyptischen Reiter des zweiten Weltkriegs hatten vorübergehend diesen Planeten verlassen: Länder und Städte in Trümmern und Tränen. Manchen gelang es, wieder zum Ort ihres Ursprungs zu kommen. So kam ich mit meiner Familie aus Tirol, wohin uns das Schicksal verschlagen hatte, wieder nach Wien. Ebenso Martin, unversehrt an Leib und Seel' von der russischen Front, und andere, denen es rechtzeitig gelungen war, vor Hitlers Zugriff nach Amerika zu entfliehen.

Die östliche Hälfte Österreichs versank unter einem riesigen russischen Meer mit Wien, einer Insel, die unter den 4 Besatzungsmächten, den Amerikanern, Engländern, Franzosen und Russen, verteilt wurde. Wien wurde daher der östlichste Stützpunkt der westlichen Alliierten, von denen manche die Seelenverwandtschaft mit ihren russischen Verbündeten bezweifelten. Die Möglichkeit für eine Informationszentrale westlicher Perspektiven lag auf der Hand, und ehemalige Wiener, damals aber in amerikanischem Militärdienst, wurden beauftragt, eine solche Zentrale aufzubauen. Radio ist in so einem Projekt ein wichtiges Element, und da die zuerst gekommenen Russen sofort die großzügig eingerichtete Österreichische Radiostation und zugehörige Sendeanlage beschlagnahmten, konnten die Amerikaner sich zunächst nur in einer verlassenen Wohnung einmieten und mit einem Kabel, das zu einem von den deutschen Truppen verlassenen Sendewagen führte, die Programme, die sie per Telefon vom "amerikanischen" Salzburg geliefert bekamen, nach dem Osten abstrahlen.

Das Telefon konnten aber die Russen abhören, sie unterbrachen die Leitung, sobald ihre Zensoren der Meinung waren, das Programm könne einen zersetzenden Einfluß auf die österreichischen und weiter östlich gelegenen Hörer haben.

Autonome Programmierung mit Ursprung Wien wurde daher eine Notwendigkeit, und Menschen mit solchen Fähigkeiten wurden gesucht.

Der Zufall wollte es, daß ein Theaterfreund Martins aus der Vorkriegszeit, Ernst Häussermann, jetzt als Amerikaner zu einem der Organisatoren dieser amerikanisch-österreichischen Radiostation bestellt wurde.

Häussermann wandte sich an seine alten Freunde, natürlich auch an Martin, ihm bei dieser Aufgabe zu helfen. Bei einer dieser Besprechungen kam die Frage nach einem Berichterstatter für Kunst und Wissenschaft auf. Martin, frech, schlug meinen Namen vor, und den nächsten Tag sollte ich mich vorstellen.

Ich hatte zwar schon einen "full time job" in einer anerkannten und alteingesessenen Telefonfirma, deren gesamter Werkzeugmaschinenbestand von russischen Tanks, die einfach die Ziegelmauern der Werkstatt durchbrachen, mit Ketten fortgezogen wurde, um dort beim Wiederaufbau mitzuhelfen. Das reichte knapp, um die Familie zu ernähren, aber woher kam das Geld, mit dem ich Zigaretten im Schwarzmarkt kaufen konnte?

Martin übermittelte mir die Einladung, und ich sah hier eine mögliche Quelle. So wie jemandem, der unmittelbar dem Tod entgegensieht, sein ganzes Leben in Sekunden vorbeizieht, ließ ich mein ganzes künstlerisches und wissenschaftliches Leben noch rasch vor meinem inneren Auge vorbeihuschen. Ich kam pünktlich zum Interview.

"Was können Sie?"

Ich: "Was *soll* ich können?" Alles lachte.

Der Interviewer zeigte auf die Techniker, die gelangweilt auf der anderen Seite der großen, das Studio separierenden Glasscheibe saßen: "Sehen Sie dort das Fußballspiel? Die Endphase vom Austria Cup! Berichten Sie!"

Mir machte dieser Vorschlag Spaß, und so berichtete ich mit steigender Aufregung für die Techniker, und auch für mich, den schließlichen Siegeszug einer fiktiven Mannschaft über eine andere fiktive Mannschaft in einem erst in dieser Reportage entstandenen Match.

"O.K.", sagte der Boss, und so wurde ich Mitglied Nummer 7 vom Sender Rot Weiß Rot, verantwortlich für Kunst und Wissenschaft.

Was macht man da?

Man greift auf seine Freunde und Bekannten aus Kunst und Wissenschaft zurück, und so wandte ich mich auch an Hauer, der zwar von den Nazis verboten, still in seinem Kämmerlein in Wien, von den Köcherts unterstützt, an seiner 12-Ton-Musik weitergearbeitet hatte.

Er war damals schon über 60, sehr zurückgezogen, menschenscheu, und hatte keine Lust, mit mir eine Radiosendung vorzubereiten. Er verwies mich auf einen seiner Schüler, Viktor Sokolowski. Fast gleichaltrig und mit ähnlicher Neugierde, herauszufinden, was "hinter" Allem verborgen liegt, entwickelten wir bald eine herzliche Freundschaft. Er wohnte in einem in der Gründerzeit gebauten prächtigen Mietshaus, das einen über ein imposantes

Stiegenhaus in Wohnungen mit großen und hohen Zimmern führte. In einem dieser Zimmer hatte Sokolowski sein Cembalo, seinen Augapfel stehen, das zu spielen er meisterlich beherrschte, und durch Anschlag, Stops, Pedale die vielen verschiedenen klanglichen Charaktere dieses wunderbaren Instruments hervorbringen konnte. Von ihm lernte ich die doppelte Bedeutung von "wohltemperiert", nämlich einerseits sich auf die tonale Stimmung beziehend, andererseits aber sich in der Spielweise ausdrückend, bei der die in der Romantik entstandene Betonung von crescendo-diminuendo und piano-forte zurücktritt gegenüber einer Balance, einem Gleichgewicht, einer "Wohltemperiertheit".

Man konnte Sokolowski für Stunden zuhören, wenn er Bach auf seinem Cembalo spielte, und Hauers 12-Ton-Spiele nahmen eine überirdische, außerweltliche Dimension an, eine Qualität, die ich nie so fühlte, wenn sie auf dem Klavier gespielt wurden.

Es war klar: mit Sokolowski mußte mindestens eine Radiosendung gemacht werden. Aber wie?

Wir entschlossen uns schließlich, sein kostbares Cembalo ins Studio zu transportieren, und dort mit den Aufnahmemöglichkeiten zu experimentieren. Viktor und ich zerlegten das Instrument in seiner Wohnung, trugen es vorsichtig über das imposante Stiegenhaus hinunter, legten es auf einen mit mehreren Matratzen gepolsterten Lastwagen und fuhren im Schneckentempo zum Studio. Die inverse Operation produzierte dort ein Cembalo, und dank der genialen und unermüdlichen Techniker fanden wir eine Auswahl und Verteilung der Mikrophone, die in der elektronischen Übertragung dem Instrument einen

Klang gab, der an Fülle und Tiefe sogar die Orgel übertraf.

In der Sendereihe unterhielten sich Sokolowski und ich über das Musikalische und Theoretische, und dazwischen gab Sokolowski einige seiner unvergeßlichen Mikro-Konzerte, mit Bach und Hauer abwechselnd.

Zu dieser Zeit kam auch Erich Leinsdorf zu Besuch nach Wien, und ich lud ihn zu einem Interview in unserer Radiostation ein. Wir hatten guten Rapport, und nach der Sendung erzählte ich ihm von Hauer und Sokolowski. Leinsdorf war erstaunt über den Gebrauch eines Cembalos: "Dieses Instrument", meinte er, "läßt sich leider nicht auf ein Tonband aufnehmen, und eignet sich daher schlecht für eine Übertragung".

Ich bat daher die Techniker, eines unserer Tonbänder aufzulegen und, lieber Paul, Du kannst Dir meine Freude und die der Techniker vorstellen, als schon nach wenigen Minuten Leinsdorf entzückt ausrief: "Das gibt es doch nicht! Das ist doch kein Cembalo - aber es ist großartig!"

Etwa zur selben Zeit hörte mein Schwager, der im Begriff war, eine Zeitschrift JEDERMANN für seine evangelische Kirchengemeinde herauszugeben, von meinem Interesse an der 12-Ton-Musik. Er bat mich, für das Debut seiner Zeitschrift über Hauer und seine Musik einen Aufsatz zu schreiben. Hier ist er:

1. Jahrgang Nr. 1 1. August 1947

Von Pythagoras zu Josef Matthias Hauer

Von Heinz v. Förster.

Die eigenartige weltanschauliche Deutung der Zwölftonspiele Joseph Matthias Hauers, wie sie in dem nachstehenden Aufsatz versucht wird, scheint uns wert zu sein, zur Diskussion gestellt zu werden, wenn wir uns auch des problematischen Charakters bewußt sind. D. R.

Als Zeus in einer gewaltigen Schlacht die Giganten jenseits des Okeanos gebannt hatte, war für die hellenische Menschheit das Zeitalter des Maßes und der Ordnung angebrochen. Das übermäßige Geschlecht der Riesen, Symbol des Chaos und des Unendlichen, stand der göttlichen Welt der Ordnung, in der der Mensch das Maß aller Dinge war, gegenüber. Kein anderes Volk der Erde hat in einer so kristallenen Atmosphäre seine Kultur geprägt.

In dieser Welt schuf Pythagoras die Grundlage zur abendländischen Musik, indem er aus der chaotischen Fülle der unendlichen Tonmöglichkeiten, die sich zwischen einer Oktave spannen, durch ein klares System eine Auswahl von sieben Tönen angab. Diese Töne entstanden durch die Teilung einer Saite in zwei, drei und fünf Teile, wobei die Fundamentalintervalle der reinen siebenstufigen Stimmung, nämlich die Oktave, die Quinte und die Terz erzeugt werden. So fügte sich die pythagoräische Philosophie harmonisch in die Welt, denn nach ihrer Lehre sind die ganzen Zahlen und ihre Verhältnisse göttlichen Ursprungs und die sich von selbst ergebenden Obertöne einer schwingenden Saite sind die ganzzahligen Vielfachen ihrer Grundschwingung. Und so ist auch der Wohllaut des rein gestimmten Dreiklangs die Offenbarung des göttlichen Prinzips: Halte Maß!

Doch niemals hätte Pythagoras die rationale Welt der reinen Verhältnisse so streng abgrenzen können, hätte er nicht als erster Mathematiker die Welt des Irrationalen erkannt. Von ihm stammt der berühmte Beweis, daß die Wurzel aus zwei nicht als Verhältnis zweier endlicher ganzer Zahlen erklärbar ist.

Als die christliche Philosophie das Wesen Gottes, seine Allgüte, seine Allmacht aus seiner Unendlichkeit zu erklären suchte, da wurde die kristallene Sphäre der endlichen griechischen Götterwelt gesprengt und die Tempel, die von Kapitälen gedeckt waren, wurden durch himmelragende Dome und ihre ins Unendliche weisenden Pfeiler der Kirchenschiffe abgelöst. Für die Giganten war kein Platz mehr auf der Erde, die von den Entdeckern umfahren wurde. Sie wurden ins Erdinnere verbannt. Der den Algorithmus suchende Mensch erinnerte sich der irrationalen Zahlen des Pythagoras.

So entging es den Musikern auch nicht, daß bei Beginn einer Skala von einem anderen Ton als dem Grundton aus, ein neuer Ton in das Skalensystem eingebaut werden mußte, und daß dieses Einbauen neuer Töne niemals zu einem Abschluß führt, soweit man auch fortschreitet. Das pythagoräische System zeigte sich von diesem Standpunkt aus als nicht in sich abgeschlossen. Die musikalische Welt drohte ins Chaotische der unendlichen Tonstufen zu gleiten, wenn nicht durch zahlreiche Kompromisse eine scheinbare Ordnung aufgerichtet wurde. Sie wurde erreicht durch zahlreiche Zusammenlegungen von Tönen wie cis—des, dis—es usw.

Es war kein Zufall, daß auf der Suche nach dem Algorithmus, dem allgemein gültigen Kalkül, fast zur gleichen Zeit sowohl in der Mathematik als auch in der Musik ein Schritt von säkularer Bedeutung getan wurde: Leibnitz und Newton fanden die Differential- und Integralrechnung, und Andreas Werckmeister die wohltemperierte Stimmung. Als Bach zum ersten Male ein so gestimmtes Instrument bespielte, erkannte er sogleich die überragende Bedeutung dieser Klangwelt und schrieb aus dieser Erkenntnis das „wohltemperierte Klavier".

Das System dieser „wohltemperierten Stimmung" besteht darin, daß alle Halbtonintervalle im gleichen Verhältnis zueinander stehen, und daß die Oktave in zwölf solcher Intervalle geteilt wird. Die Mathematiker können zeigen, daß das Verhältnis eines solchen Halbtonschrittes der Irrational Zahl zwölfte Wurzel aus zwei, das ist 1,0595.., entspricht. Der Quinte als siebentem Halbtonschritt entspricht $(1{,}0595\ldots)^7 = 1{,}4983$.., gegenüber dem „reinen" Quintenschritt : $3/2 = 1{,}50000$.

Und so erreichte die Musik ihren Höhepunkt unter Bach mit der Grundlage der temperierten Stimmung. Der schwebende Wohlklang des temperierten Dreiklangs mti den irrationalen Verhältnissen 1,0000... : 1,2599... : 1,4983... : 2,0000... war Symbol der unfaßbaren unendlichen Göttlichkeit gegenüber dem Dreiklang mit den rationalen Verhältnissen 1 : 5/4 : 3/2 : 2 der faßbaren klassischen Götterwelt.

Doch auch Bach hätte nicht die tonale Welt der siebenstufigen Skala in der temperierten Stimmung so erschöpfen können, hätte er nicht als erster Musiker die Welt einer zwölfstufigen Skala erkannt. Sein Beweis liegt in den zwei wunderbaren Werken: der chromatischen Phantasie und Fuge, und Präludium und Fuge in h-moll für Cembalo.

Durch Schaffung eines so großartigen Klangkörpers, wie er durch die temperierte Stimmung ermöglicht wurde, und durch die damit verknüpfte Entwicklung enharmonischen orchestralen Musizierens war den Musikern der Folgezeit die Möglichkeit gegeben, nicht nur in Engelschören zum Lobe Gottes ihre Instrumente erklingen zu lassen, sondern auch die menschlichen Leidenschaften, das Rauschen und Weben der Natur einzufangen.

Im Laufe der Zeit trennte sich das musikalische Schaffen immer mehr von der tonalen Ordnung innerhalb der temperierten Stimmung und drohte ins Chaotische der unendlichen Klangkombinationen einer atonalen Musik zu gleiten, wenn nicht durch zahlreiche Kompromisse, was Mißklang, was Wohlklang bedeute, eine scheinbare Ordnung aufgerichtet worden wäre.

Da schuf etwa im Jahre 1920 der Wiener Josef Matthias Hauer durch Aufstellen zweier Prinzipe die Grundlage zur Zwölftonmusik. Zum Ersten unterscheidet er einen rhythmischen und einen melischen Pol. Dem rhythmischen weist er die Leidenschaften, das Ithyphallische, das Fanatische zu, dem melischen das Göttliche, Harmonische, das Geistige. Damit öffnet er wieder den Weg zu einer klaren Musik. Zum Zweiten postuliert er, der gleichschwebenden temperierten Skala folgend, die Gleichwertigkeit der 12 Töne innerhalb der Oktave. Daraus fließt sofort die

Aufstellung eines neuen Liniensystems, das die 12 Töne zur Grundlage hat, denn Kreuz und Be sind ja Begriffe, die das Spielen in gewissen Tonleitern zugrunde haben.

In den Zwölftonspielen Hauers entwickeln sich diese Gedanken in ihrer reinsten Form. In einer Tonfolge von ,12 Tönen, in denen jeder Ton der zwölfstufigen temperierten Skala einmal — und nur einmal — enthalten ist, entfaltet sich der reine Melos in dem der Rhythmus völlig aufgegangen ist und nur mehr innerhalb des Melos als Periodizität erkennbar wird.

So wie das Göttliche, das noch im christlichen Mittelalter und in der beginnenden Neuzeit seinen Ort im Unendlichen haben konnte, von da in der neusten Zeit verdrängt wurde, denn in den in sich geschlossenen vierdimensionalen Räumen Einsteins oder de Sitters und den zeitlichen begrenzten Welten Weizsäckers und Jordans ist ebenso wenig der „Platz für Gott" zu finden, wie einst in den mathematischen Formeln Newtons. So ist auch in Hauers Musik das Göttliche nicht zu finden in der irrationalen Abwandlung des tonalen Dreiklangs.

Aber da wir heutigen Menschen das Göttliche nicht in den äußeren Grenzen der Welt suchen, sondern in der tiefen Erkenntnis einer Allgegenwart Gottes, die sich von keinem menschlichen Zeit- und Raumbegriff einordnen läßt: „Eh' Abraham war, bin ich", erlauschen wir in der geisterhaften Klarheit der Hauerschen Zwölftonspiele, in der überwältigenden Gesetzmäßigkeit ihres inneren Ablaufes, in der waltenden Harmonie das Alpha und Omega göttlichen Seins. Einer der großen Suchenden unserer Zeit, Josef Matthias Hauer, ist zum Künder der reinen Musik, der höchsten Emanation menschlichen Geistes geworden.

Lieber Paul, das ist im Wesentlichen alles, was ich Dir über Hauer, seine Musik, und diesen Abschnitt meines Lebens erzählen kann. Ich hoffe, es macht Dir ebensoviel Spaß, die Geschichten anzuhören, als es mir Spaß machte, sie aus der Tiefe meines Gedächtnisses hervorzuholen.

Vor ein paar Tagen ist mein lieber Vetter Martin in seinem 82sten Lebensjahr gestorben. Er fehlt mir "... als wär's ein Stück von mir".

Dein Heinz
15. Juli 1993

Ethik und Kybernetik zweiter Ordnung*

Meine Damen und Herren,

die Großzügigkeit der Organisatoren dieser Konferenz hat mich zutiefst bewegt, zumal sie mich nicht nur eingeladen haben, ihre herrliche Stadt Paris zu besuchen, sondern mir auch die Ehre erwiesen, die Plenumssitzung mit meinem Beitrag zu eröffnen.

Darüber hinaus hat mich die Genialität unserer Organisatoren mit dem Themenvorschlag für meinen Beitrag beeindruckt. Sie baten mich, einen Vortrag über "Ethik und Kybernetik zweiter Ordnung" zu halten.

Um ehrlich zu sein, hätte ich nie gewagt, ein derartig problematisches Thema vorzuschlagen, aber dennoch muß ich gestehen, daß es mich erfreut, daß sie gerade mich für dieses Thema ausgewählt haben.

Vor meiner Abreise von Kalifornien nach Paris fragte man mich mit neidischem Unterton: "Was wirst Du in Paris machen? Worüber wirst Du reden?"

Als ich antwortete, "Ich werde über Ethik und Kybernetik zweiter Ordnung sprechen", schauten mich fast alle völlig verwirrt an und fragten: "Was ist Kybernetik zweiter Ordnung?". Als ob es keine Fragen über Ethik gäbe.

Ich fühle mich erleichtert, wenn man mich über die Kybernetik zweiter Ordnung und nicht über Ethik befragt, zumal es weitaus leichter ist, über Kybernetik zweiter Ordnung als über Ethik zu sprechen. Es ist in der Tat unmög-

---

* Vortrag, gehalten auf dem Internationalen Kongreß *Système et thérapie familiale* in Paris am 4. Oktober 1990

lich, über Ethik zu sprechen. Darauf möchte ich jedoch nachher etwas detaillierter eingehen. Vorerst möchte ich ein oder zwei Dinge über Kybernetik sagen, und zwar über die Kybernetik der Kybernetik oder die Kybernetik zweiter Ordnung.

Wie im allgemeinen bekannt ist, spricht man von Kybernetik, wenn Effektoren, wie z.B. ein Motor, eine Maschine, unsere Muskeln usw. mit einem sensorischen Organ verbunden sind, das mit seinen Signalen auf die Effektoren zurückwirkt.

Es ist diese zirkuläre Organisation, die die kybernetischen Systeme von anders organisierten Systemen unterscheidet. Erst Norbert Wiener hat den Begriff "Kybernetik" in den wissenschaftlichen Diskurs wieder eingeführt. Er stellte fest: "Das Verhalten derartiger Systeme könnte als eine Anweisung zur Erreichung eines Ziels interpretiert werden."

Man könnte annehmen, diese Systeme verfolgen einen Zweck. Das hört sich in der Tat recht bizarr an.

Lassen Sie mich Ihnen aber noch andere Paraphrasen zum Begriff der Kybernetik geben, indem ich das Gedankengut der Frauen und Männer zitiere, die man rechtmäßig als die Mütter und Väter kybernetischen Denkens und Handelns bezeichnet.

Zuerst möchte ich mich auf Margaret Mead, deren Name Ihnen gewiß geläufig ist, berufen, In einem ihrer Vorträge für die American Society of Cybernetics sagte sie:

"Als Anthropologin haben mich die Auswirkungen der Theorien der Kybernetik auf unsere Gesellschaft interessiert. Ich beziehe mich dabei *nicht* auf Computer oder die elektronische Revolution als solche oder das Ende der

Abhängigkeit des Wissens von der Schrift oder darauf, wie unter den rebellierenden Jugendlichen *Kleidung* an die Stelle der mimeographischen Maschine als eine Form der Kommunikation getreten ist." Lassen Sie mich das wiederholen. "Ich beziehe mich *nicht* darauf, wie unter den rebellierenden Jugendlichen *Kleidung* an die Stelle der mimeographischen Maschine als eine Form der Kommunikation getreten ist." Und sie fährt fort: "Insbesondere möchte ich auf die Bedeutung der interdisziplinären Begriffe hinweisen, die wir anfangs als 'feed-back', dann als 'teleologische Mechanismen' und dann als 'Kybernetik' bezeichnet haben - eine Form interdisziplinären Denkens, die es den Mitgliedern vieler Disziplinen ermöglicht hat, miteinander in einer Sprache zu kommunizieren, die alle verstehen konnten."

Und nun möchte ich ihren dritten Ehemann, den Epistemologen, Anthropologen, Kybernetiker und, wie manche sagen, den Vater der Familientherapie, Gregory Bateson, zu Wort kommen lassen:

"Kybernetik ist ein Zweig der Mathematik, der sich mit den Problemen der Kontrolle, der Rekursivität und der Information beschäftigt."

Und nun den Philosophen des Organisatorischen und Hexenmeister des Managements Stafford Beer:

"Kybernetik ist die Wissenschaft von der effektiven Organisation."

Und schließlich die poetische Reflexion des "Mister Kybernetik", wie wir ihn liebevoll nennen, den Kybernetiker der Kybernetiker, Gordon Pask:

"Kybernetik ist die Wissenschaft von vertretbaren Metaphern."

Es scheint, daß Kybernetik für die unterschiedlichsten Leute etwas ganz verschiedenes bedeutet, was jedoch durch den Reichtum ihrer begrifflichen Grundlagen bedingt ist. Und das ist gut so, da die Kybernetik ansonsten zu einem stumpfsinnigen Exerzitium würde. Dennoch ergeben sich all diese Perspektiven aus einem zentralen Thema, und zwar dem der Zirkularität.

Als man vor ungefähr einem halben Jahrhundert die Produktivität dieses Konzepts erkannte, brach eine Euphorie des Philosophierens, Epistemologisierens und Theoretisierens aus über die Konsequenzen dieses Konzepts, ihre Verästelung in den unterschiedlichsten Gebieten und ihre vereinheitlichende Macht.

Währenddessen entwickelte sich bei den Philosophen, den Epistemologen und den Theoretikern etwas Merkwürdiges: immer stärker sahen sie sich in eine größer werdende Zirkularität eingeschlossen, ob in der Zirkularität ihrer Familie, der ihrer Gesellschaft und Kultur oder sogar in eine Zirkularität kosmischen Ausmaßes.

Eine Betrachtungsweise und ein Denken, das für uns heutzutage völlig natürlich ist, war seinerzeit nicht nur schwer zu vermitteln, es verstieß auch gegen die Grenzen des Erlaubten.

Warum?

Weil es gegen die grundsätzlichen Prinzipien des wissenschaftlichen Diskurses verstieß, der die Trennung von Beobachter und Beobachtetem gebietet. Das ist das Prinzip der Objektivität: Die Eigenschaften des Beobachters dürfen nicht in die Beschreibung des Beobachteten eingehen.

Ich habe dieses Prinzip hier in seiner brutalsten Form

wiedergegeben, um seine Unsinnigkeit zu demonstrieren: wenn die Eigenschaften des Beobachters, nämlich die Eigenschaften des Beobachtens und Beschreibens, ausgeschlossen werden, bleibt nichts mehr übrig, weder die Beobachtung noch die Beschreibung.

Dennoch gab es eine Berechtigung, an diesem Prinzip festzuhalten, und zwar aus Angst, aus Angst vor dem Entstehen von Paradoxen, wenn es den Beobachtern gestattet wäre, in das Universum ihrer Beobachtungen einzutreten. Und die Gefahren der Paradoxe sind Ihnen bekannt: wenn sie sich in eine Theorie einschleichen, ist es so, als ob der Teufel seinen Spaltfuß in den Türspalt zur Orthodoxie steckt.

Sicherlich, als die Kybernetiker daran dachten, in die Zirkularität von Beobachten und Konversieren einzusteigen, begaben sie sich auf verbotenes Terrain.

Im allgemeinen Fall des zirkulären Schlusses bedeutet A impliziert B; B impliziert C; und - zum allgemeinen Entsetzen - C impliziert A!

Oder, im reflexiven Fall: A impliziert B; und - Oh, Grauen! - B impliziert A!

Und nun des Teufels Spaltfuß in seiner reinsten Form, in der Form der Selbst-Referenz: A impliziert A! - ein Greuel!

Ich möchte Sie nun bitten, mir in ein Land zu folgen, in dem es nicht verboten ist, sondern in dem man ermutigt wird, über sich selbst zu sprechen (was könnte man auch sonst tun?).

Dieser Wechsel von der Beobachtung dessen, was außerhalb liegt, zur Beobachtung des Beobachtens vollzog sich, soweit ich weiß, im Zuge bedeutender Fortschritte auf dem Gebiet der Neurophysiologie und Neuropsychiatrie.

Es war einem nun möglich, die Frage nach dem Funktionieren des Gehirns zu wagen; man konnte das Wagnis eingehen, eine Theorie des Gehirns zu erarbeiten.

Man könnte einwenden, daß die Physiker und Philosophen seit Aristoteles nun schon jahrhundertelang an Theorien über das Gehirn herumlaborieren. Was sollte also an den Bemühungen heutiger Kybernetiker neu sein?

Neu an all dem ist die tiefgründige Einsicht, daß es eines Gehirns bedarf, um eine Theorie über das Gehirn zu schreiben. Daraus folgt, daß eine Theorie über das Gehirn, die Anspruch auf Vollständigkeit erhebt, dem Schreiben dieser Theorie gerecht werden muß. Und, was noch faszinierender ist, der *Schreiber* dieser Theorie muß über sich selbst Rechenschaft ablegen. Auf das Gebiet der Kybernetik übertragen, heißt das: indem der Kybernetiker sein eigenes Terrain betritt, muß er seinen eigenen Aktivitäten gerecht werden: die Kybernetik wird zur Kybernetik der Kybernetik, oder zur Kybernetik zweiter Ordnung.

Meine Damen und Herren,

diese Erkenntnis beinhaltet nicht nur eine grundlegende Änderung auf dem Gebiet wissenschaftlichen Arbeitens, sondern auch, wie wir das Lehren, das Lernen, den therapeutischen Prozeß, das organisatorische Management usw. wahrnehmen; und - wie ich meine - wie wir Beziehungen in unserem täglichen Leben wahrnehmen.

Diese grundlegende epistemologische Wendung läßt sich dadurch verdeutlichen, daß man sich einerseits als unabhängigen Beobachter sieht, der die an ihm vorüberziehende Welt betrachtet; oder daß man sich andrerseits als einen beteiligten Akteur betrachtet, der selber eine Rolle in dem Drama zwischenmenschlicher Beziehungen, dem Drama des Gebens und Nehmens, in der Zirkularität menschlicher Beziehungen spielt.

Im ersten Fall kann ich, aufgrund meiner Unabhängigkeit, den anderen sagen, wie sie zu denken und handeln hätten: "Du sollst...", "Du sollst nicht..." Dies ist der Ursprung moralischer Prinzipien.

Im zweiten Fall kann ich, aufgrund gegenseitiger Abhängigkeit, nur für mich allein bestimmen, wie ich zu denken und handeln habe: "Ich soll...", "Ich soll nicht..." Dies ist der Ursprung der Ethik.

Bisher war das der leichte Teil meines Vortrags, nun komme ich zum schwierigen Teil: ich sollte über Ethik reflektieren.

Wie wäre das zu machen?

Wo sollte man beginnen?

Auf meiner Suche nach einem Anfang stieß ich auf ein hübsches Gedicht von Yveline Rey und Bernard Prieur, das die erste Seite unseres Programms schmückt. Ich möchte Ihnen die ersten Zeilen dieses Gedichts vorlesen:

"- Vous avez dit Ethique? -
Déjà le murmur s'amplifie en rumeur.
Soudain les roses ne montrent plus des épines.
Sans doute le sujet est-il brûlant.
Il est aussi d'actualité."

Lassen Sie mich mit dem Wort "épines", mit den "Dornen" beginnen, in der Hoffnung, daß daraus eine Rose erblüht.

Die Dornen, mit denen ich beginnen werde, sind Ludwig Wittgensteins Reflexionen über Ethik in seinem *Tractatus logico-philosophicus.*

Wenn ich für diesen Tractatus einen Titel erfinden sollte, würde ich ihn Tractatus ethico-philosophicus nennen. Ich möchte jedoch nicht darauf eingehen, warum ich diesen Titel bevorzuge. Vielmehr möchte ich darüber sprechen, was mich dazu veranlaßt, mich auf Wittgensteins Reflexionen zu beziehen, um meine eigenen Gedanken vorzutragen.

Ich beziehe mich auf den Satz Nr. 6 seines Tractatus, in dem er auf die allgemeine Form von Sätzen eingeht. Beinahe am Ende dieser Auseinandersetzung geht er auf das Problem von Werten in dieser Welt und ihren Ausdruck in Form von Sätzen ein. In seinem berühmten Satz Nr. 6.421 kommt er zu der Schlußfolgerung, die ich Ihnen nun im Original vorlesen möchte:

"Es ist klar, daß sich Ethik nicht aussprechen läßt."

Nun werden Sie verstehen, warum ich eingangs sagte: "Mein Anfang besteht aus Dornen." Wir befinden uns auf einem Internationalen Kongreß über Ethik, und der erste Vortragende behauptet, daß es unmöglich sei, über Ethik zu sprechen. Haben Sie aber bitte einen Augenblick Geduld. Ich habe Wittgensteins Proposition außerhalb des Kontextes zitiert, also weiß man nicht, was er eigentlich sagen wollte. Glücklicherweise liefert der folgende Satz 6.422, den ich gleich zitieren möchte, den allgemeineren Kontext für den Satz 6.421. Um Sie auf die anschließende Proposition vorzubereiten, sollten Sie sich daran erinnern, daß Wittgenstein Wiener war. Ebenso wie ich. Und ich glaube, daß Sie als Pariser uns Wienern eine Art unterschwelliges Verständnis entgegenbringen. Lassen Sie es mich versuchen:

"Der erste Gedanke bei der Aufstellung eines ethischen Gesetzes von der Form 'Du sollst...' ist: Und was dann, wenn ich es nicht tue?"

Als ich dies las, war mein erster Gedanke, daß nicht jeder mit diesem "ersten Gedanken" von Wittgenstein einverstanden sein wird. Ich glaube, daß hier sein kultureller Hintergrund zu Wort kommt.

Ich möchte jedoch mit Wittgenstein fortfahren:

"Es ist aber klar, daß die Ethik nichts mit Strafe und Lohn im gewöhnlichen Sinne zu tun hat... Es muß zwar eine Art von ethischem Lohn und ethischer Strafe geben, aber diese müssen in der Handlung selbst liegen."

"... aber diese müssen in der Handlung selbst liegen"!

Vielleicht erinnern Sie sich an unseren eingangs erwähnten selbstreferentiellen Ausdruck wie z.B. "A impliziert A" und dessen rekursive Beziehung zur Kybernetik zweiter Ordnung.

Enthalten diese Bemerkungen einen Hinweis darauf, wie über Ethik zu reflektieren und gleichzeitig an den Wittgensteinschen Kriterien festzuhalten sei? Ich glaube schon. Ich versuche z.B. stets folgende Regel einzuhalten:

"In jedem meiner Gespräche über, sagen wir, die Wissenschaft, Philosophie, Epistemologie, Therapie usw., bin ich bemüht, meinen Sprachgebrauch so im Griff zu haben, daß Ethik impliziert ist."

Was will ich damit sagen? Ich möchte Sprache und Handeln auf einem unterirdischen Fluß der Ethik schwimmen lassen und darauf achten, daß keines der beiden untergeht, so daß Ethik nicht explizit zu Wort kommt und Sprache nicht zur Moralpredigt degeneriert.

Wie wäre das zu bewerkstelligen? Wie könnte man Ethik vor aller Augen verbergen, aber dennoch darauf achten, daß Sprache und Handeln durch sie bestimmt sind?

Glücklicherweise hat die Ethik zwei Schwestern, die ihr gestatten, unsichtbar zu bleiben, da sie für uns einen sichtbaren Rahmen, ein greifbares Gewebe liefern, auf denen wir die Gobelins unseres Lebens weben können. Und wer sind diese beiden Schwestern?

Die eine ist Metaphysik, die andere Dialogik.

Ich möchte nun über diese beiden Damen sprechen und wie sie dazu beitragen, daß sich Ethik manifestiert, ohne explizit zu werden.

Metaphysik

Lassen Sie mich zuerst über Metaphysik sprechen. Lassen Sie mich aus einem ausgezeichneten Artikel über "Das Wesen der Metaphysik" des britischen Gelehrten W.H. Walsh zitieren, um Ihnen zugleich die köstliche Ambiguität vorzuführen, von der sie umgeben ist. Er beginnt seinen Artikel mit dem folgenden Satz:

"Fast alles in der Metaphysik ist kontrovers, und deshalb nimmt es nicht Wunder, daß es unter denen, die sich Metaphysiker nennen, nur wenig Übereinstimmung darüber gibt, was sie eigentlich genau erreichen wollen."

Wenn ich mich heute an Metaphysik wende, suche ich bezüglich ihrer Natur keine Übereinstimmung mit irgendwelchen andern, denn ich werde genau sagen, was es ist, wenn wir zu Metaphysikern werden. Ich sage, wir werden zu Metaphysikern, ob wir uns so nennen oder nicht, wenn wir Fragen entscheiden, die prinzipiell unentscheidbar sind. In der Tat gibt es unter Propositionen, Problemen, Vorschlägen, Fragen, solche die entscheidbar, und solche die prinzipiell unentscheidbar sind.

Hier ein Beispiel für eine entscheidbare Frage: "Ist die Zahl 3.396.714 durch zwei teilbar?" Man wird weniger als zwei Sekunden benötigen, um zu entscheiden, daß sich diese Zahl tatsächlich durch zwei teilen läßt. Interessant ist in diesem Fall, daß man ebenso wenig Zeit benötigt, um diese Frage zu entscheiden, wenn die Zahl nicht 7 sondern 7000 oder 7 Millionen Stellen hat.

Natürlich könnte ich Fragen stellen, die etwas schwieriger sind, wie z.B.: "Ist 3.396.714 teilbar durch drei?", oder noch schwierigere. Es gibt aber auch Probleme, die außergewöhnlich schwer zu lösen sind. Einige von ihnen wurden schon vor mehr als 200 Jahren gestellt und wurden immer noch nicht beantwortet. Denken wir nur an Fermats "Letztes Theorem", an dem sich schon die brillantesten Denker den Kopf zerbrochen haben und immer noch keine Lösung fanden.

Oder denken wir an Goldbachs "Vermutung", die sich derartig einfach anhört, daß man glaubt, ein Beweis liege fast auf der Hand:

"Jede gerade Zahl ist die Summe zweier Primzahlen."

Zum Beispiel: 12 ist die Summe der zwei Primzahlen 5 und 7; oder 20 = 17+3; oder 24 = 13+11 usw. Bisher konnte zu Goldbachs Vermutung kein Gegenbeispiel erbracht werden. Und selbst wenn alle weiteren Versuche

Goldbach nicht widerlegen würden, würde es dennoch eine Vermutung bleiben, bis eine Folge mathematischer Schritte gefunden wird, die sich für Goldbachs ausgezeichneten Sinn für Zahlen entschieden hat. Es gibt gute Gründe, nicht aufzugeben, und die Suche nach einer schrittweisen Folgerichtigkeit fortzusetzen, die Goldbach bestätigen würde. Das ist, weil das Problem im Rahmen logisch-mathematischer Relationen gestellt ist, die garantieren, daß man sich von jedem Knoten dieses komplexen Kristalls von Verbindungen zu irgendeinem anderen Knoten bewegen kann.

Eines der bemerkenswertesten Beispiele eines derartigen Gedankenkristalls sind die *Principia Mathematica* von Bertrand Russell und Alfred North Whitehead, die sie in einem Zeitabschnitt von zehn Jahren zwischen 1900 und 1910 geschrieben haben. Dieses *magnum opus* von drei Bänden und über 1500 Seiten hat ein für allemal eine Begriffsmaschinerie für fehlerfreie Deduktionen geschaffen. Eine Begriffsmaschinerie, die weder Zweideutigkeiten noch Widersprüche oder Unentscheidbarkeiten enthält.

Dennoch hat Kurt Gödel 1931 als 25jähriger einen Artikel publiziert, dessen Bedeutung weit über die Kreise der Logiker und Mathematiker hinausging. Der Titel dieses Aufsatzes lautet:

"Über formal unentscheidbare Sätze der Principia Mathematica und verwandter Systeme" (in: Monatshefte für Mathematik und Physik, Vol. 38, S. 173-198).

Gödel beweist in seiner Schrift, daß logische Systeme, selbst wenn sie noch so vorsichtig wie bei Russell und Whitehead konstruiert sind, gegen Unentscheidbarkeiten nicht immun sind.

Wir müssen uns jedoch nicht auf Russell, Whitehead, Gödel oder andere Geistesgrößen berufen, um uns über prinzipiell unentscheidbare Fragen zu informieren. All diese Fragen tauchen tagtäglich auf.

Zum Beispiel ist die Frage über den Ursprung des Universums solch eine im Prinzip unentscheidbare Frage: keiner war dabei, um es zu beobachten. Überdies wird das durch die vielen verschiedenen Antworten auf diese Frage ganz offensichtlich. Einige sagen, es handle sich um einen einmaligen Schöpfungsakt vor vier- oder fünftausend Jahren; andere sagen, es hätte niemals einen Anfang gegeben und daß es auch kein Ende geben würde, da das Universum ein System sei, das sich in einem permanenten dynamischen Gleichgewicht befindet; andere wiederum behaupten, daß das Universum vor ungefähr zehn oder zwanzig Milliarden Jahren mit einem "Urknall" entstanden wäre, dessen schwaches Echo man noch über große Radioantennen hören könnte; ich dagegen neige dazu, mich auf den Bericht von Chuang Tsu zu stützen, da er der älteste ist und deshalb diesem Ereignis am nächsten stand. Er sagt:

"Der Himmel tut nichts; dieses Nichts-tun ist Würde;
Die Erde tut nichts; dieses Nichts-tun ist Ruhe;
Aus der Vereinigung dieser beiden Nichts-tun beginnt alles Handeln
Und alle Dinge entstehen."

Ich könnte mit weiteren Beispielen fortfahren, zumal ich noch nicht erzählt habe, was die Burmesen, die Australier, die Eskimos, die Buschmänner, die Ibos usw. uns über ihre Ursprünge sagen würden. In anderen Worten, sag mir, wie das Universum entstand, und ich sage dir, wer du bist.

Ich hoffe, ich habe den Unterschied zwischen entscheidbaren und prinzipiell unentscheidbaren Fragen hinreichend geklärt, damit ich Ihnen einen Satz vorstellen kann, den ich das "metaphysische Postulat" nenne. Hier ist er:

"Nur *die* Fragen, die im Prinzip unentscheidbar sind, können *wir* entscheiden."

Warum?

Einfach weil die entscheidbaren Fragen schon entschieden werden durch die Wahl des Rahmens, in dem sie gestellt werden, und durch die Wahl von Regeln, wie das, was wir "die Frage" nennen, mit dem, was wir als "Antwort" zulassen, verbunden wird. In einigen Fällen geschieht dies schnell, in anderen mag das eine lange, lange Zeit beanspruchen. Aber letztendlich erzielen wir nach einer Serie zwingender logischer Schritte unwiderlegbare Antworten: ein definitives Ja oder ein definitives Nein.

Aber wir stehen nicht unter Zwang, nicht einmal dem der Logik, wenn wir über prinzipiell unentscheidbare Fragen entscheiden. Es besteht keine äußere Notwendigkeit, die uns zwingt, derartige Fragen irgendwie zu beantworten. Wir sind frei! Der Gegensatz zu Notwendigkeit ist nicht Zufall sondern Freiheit. Wir haben die Wahl, wer wir werden möchten, wenn wir über prinzipiell unentscheidbare Fragen entschieden haben.

Dies sind die guten Nachrichten, wie amerikanische Journalisten sagen würden. Nun kommen die schlechten Nachrichten.

Mit dieser Freiheit der Wahl haben wir die Verantwortung für jede unserer Entscheidungen übernommen. Für einige ist diese Freiheit der Wahl ein Geschenk des Himmels. Für andere ist eine derartige Verantwortung eine untragbare Last: Wie kann man ihr entgehen? Wie kann man sie vermeiden? Wie kann man sie anderen übertragen?

Mit viel Genialität und Einfallsreichtum wurden Mechanismen ersonnen, mit denen man diese furchtbare Last vermeiden könnte. Der hierarchische Aufbau vieler Institutionen hat eine Lokalisierung der Verantwortung unmöglich gemacht. Jedermann in einem solchen System kann sagen: "Mir wurde gesagt, X zu tun."

Auf der politischen Bühne vernehmen wir immer öfter den Satz von Pontius Pilatus: "Ich habe keine andere Wahl als X." Mit anderen Worten, "mach mich nicht für X verantwortlich, die anderen sind schuld". Dieser Satz tritt offensichtlich anstelle eines anderen: "Von all dem, was mir zur Wahl stand, habe ich mich für X entschieden."

Ich habe schon einmal die Objektivität erwähnt, und ich möchte sie hier nochmals als einen weiteren allgemein beliebten Kunstgriff erwähnen, um der Verantwortung zu entgehen.

Wie Sie sich erinnern können, erfordert die Objektivität, daß die Eigenschaften des Beobachters nicht in die Beschreibung seiner Beobachtungen eingehen. Indem das wesentliche des Beobachtens, nämlich der Prozeß der Wahrnehmung, eliminiert wird, wird der Beobachter zu einer Kopiermaschine degradiert, und der Begriff der Verantwortung wurde dadurch erfolgreich eskamotiert.

Wie auch immer, Pontius Pilatus, Hierarchien, Objektivität und andere Kunstgriffe sind insgesamt auf eine Entscheidung zurückzuführen, die für eine der beiden im Prinzip unentscheidbaren Fragen getroffen wurde. Die maßgeblichen beiden Fragen heißen:

"Bin ich vom Universum getrennt? Das heißt, wenn immer ich schaue, so schaue ich wie durch ein Schlüsselloch auf das sich entfaltende Weltall."

Oder:

"Bin ich Teil des Universums? Das heißt, wenn immer ich handle, verändere ich mich und das Universum mit mir."

Wenn ich über diese beiden Alternativen nachdenke, bin ich immer wieder über die Tiefe des Abgrunds überrascht, der die beiden grundsätzlich verschiedenen Welten voneinander trennt, die durch solch eine Wahl geschaffen werden können:

Entweder betrachte ich mich als den Bürger eines unabhängigen Universums, dessen Regelmäßigkeiten, Gesetze und Gewohnheiten ich im Lauf der Zeit entdecke, oder ich betrachte mich als Teilnehmer einer Verschwörung, deren Gewohnheiten, Gesetze und Regelmäßigkeiten wir nun erfinden.

Immer wenn ich mit denjenigen spreche, die sich dafür entschieden haben, entweder Entdecker oder Erfinder zu sein, bin ich immer von neuem von der Tatsache beeindruckt, daß keiner von ihnen erkennt, jemals eine derartige Entscheidung getroffen zu haben. Wenn sie überdies herausgefordert werden, ihre Position zu rechtfertigen, bedienen sie sich eines Begriffssystems, das nachweislich auf einer Entscheidung über eine prinzipiell unentscheidbare Frage basiert.

Scheinbar erzähle ich Ihnen eine Detektiv-Geschichte,

wobei ich verschweige, wer der Gute und wer der Böse, oder wer der Normale und wer der Verrückte ist, oder wer recht und wer unrecht hat. Da es sich hierbei um prinzipiell unentscheidbare Fragen handelt, hängt von jedem einzelnen ab, eine Entscheidung zu treffen und dafür die Verantwortung zu übernehmen. Dort ist ein Mörder. Ich gebe zu bedenken, daß man nicht wissen kann, ob er geisteskrank war oder ist. Das einzige, was wir wissen, ist, was ich, was Sie oder was der Experte darüber äußert. Und was ich, was Sie und was der Experte über seine Normalität oder Geisteskrankheit sagen, unterliegt meiner Verantwortung, oder Ihrer oder der des Experten. Ich betone nochmals, es geht hierbei nicht um die Frage "Wer hat recht und wer unrecht". Dies ist prinzipiell eine unentscheidbare Frage. Es geht hier um die Freiheit; die Freiheit der Wahl; ein Kernpunkt bei Jose Ortega y Gasset:

"Kurz: der Mensch hat nicht Natur, sondern er hat ... Geschichte. (...) Der Mensch ist kein Ding, sondern ein Drama. (...) Aber der Mensch muß nicht nur sich selbst schaffen, sondern das Schwierigste, was er tun muß, ist entscheiden, was er will. (...) Ob Original oder Plagiator, der Mensch ist der Romandichter seiner selbst. Unter diesen Möglichkeiten (hat er) die Wahl. Infolgedessen (ist er frei). Aber wohlverstanden, (er ist) frei aus Zwang, ob (er) will oder nicht."

Wahrscheinlich macht es Sie mißtrauisch, wenn ich alle meine Fragen als prinzipiell unentscheidbare qualifiziere. Dies ist keineswegs der Fall. Ich wurde einmal gefragt, wie es den Bewohnern derartig verschiedener Welten, wie ich sie zuvor umrissen habe, wie also die Bewohner der Welt, die sie entdecken, und die Bewohner einer Welt, die sie erfinden, wie sie jemals miteinander zusammenleben können. Die Antwort ist jedoch völlig unproblematisch. Aus den Entdeckern werden höchstwahrscheinlich Astronomen, Physiker und Ingenieure; aus den Erfindern Familientherapeuten, Poeten und Biologen. Und für alle wird das Zusammenleben ebenfalls unproblematisch sein, solange die Entdecker die Erfinder entdecken, und die Erfinder die Entdecker erfinden. Sollten jemals Schwierigkeiten entstehen, gibt es glücklicherweise viele Familien-Therapeuten, die der menschlichen Familie zu geistiger Gesundheit verhelfen.

Ich habe einen lieben Freund, der in Marakesch aufgewachsen ist. Das Haus seiner Familie stand auf der Straße, die das jüdische vom arabischen Viertel trennte. Als Jugendlicher spielte er mit all den anderen Kindern, hörte sich an, was sie dachten und sagten, und lernte ihre grundsätzlich verschiedenen Ansichten kennen. Als ich ihn einmal fragte, wer denn recht hätte, antwortete er mir, beide hätten recht.

"Aber das kann doch nicht sein", beharrte ich auf meinem aristotelischen Standpunkt, "nur einer kann im Besitz der Wahrheit sein!"

"Das Problem ist nicht Wahrheit", antwortete er, "das Problem ist Vertrauen".

Ich hatte verstanden: das Problem ist das einander Verstehen; das Problem liegt im Verstehen des Verstehens; das Problem besteht darin, Entscheidungen über prinzipiell unentscheidbare Fragen zu treffen.

In diesem Augenblick erschien Metaphysik und fragte ihre jüngere Schwester, Ethik: "Was sollte ich, nach deiner Ansicht, meinen Schützlingen, den Metaphysikern, ob sie sich nun so nennen oder nicht, zurückbringen?" Und Ethik antwortete: "Sag ihnen, sie sollten immer so handeln, die Anzahl der Möglichkeiten zu *vermehren*; ja, die Anzahl der Möglichkeiten zu *vermehren*!"

Dialogik

Ich möchte mich nun der Schwester der Ethik, der Dialogik zuwenden. Welche Mittel stehen ihr zur Verfügung, durch die sich Ethik offenbaren kann, ohne explizit zu werden. Ich glaube, Sie haben es schon erraten, es ist natürlich die Sprache. Ich spreche hier nicht über Sprache im Sinne von Geräuschen, die durch die Schwingungen der Stimmbänder entstehen, auch nicht über Sprache im Hinblick auf die Grammatik, Syntax, Semantik, Semiotik und die gesamte Maschinerie von Phrasen, Verb-Phrasen, Substantiv-Phrasen, Tiefenstruktur usw. Wenn ich hier über Sprache rede, meine ich den Austausch, die Kommunikation, den Tanz. Ebenso wie man sagt, "zum Tango gehören zwei", sage ich, "zur Sprache gehören zwei".

Wenn man sich dem Thema Sprache, Tanz zuwendet, sind natürlich Sie, die Familien-Therapeuten, die Kompetenteren. Ich dagegen kann nur als Amateur sprechen. Da sich Amateur von "amour" herleitet, wissen Sie sofort, daß ich es liebe, diesen Tanz zu tanzen.

Tatsächlich habe ich diese wenigen Schritte, den Tanz zu tanzen, von Ihnen gelernt. Ich erhielt meine erste Unterrichtstunde, als man mich einlud, mit ein paar Kollegen in einem Beobachtungsraum zu sitzen und durch einen halb-durchsichtigen Spiegel dem Beginn einer therapeutischen Sitzung mit einer vierköpfigen Familie zuzusehen. Einmal verließen mich meine Kollegen, und ich war ganz allein. Ich war neugierig, was ich sehen würde, wenn ich das Gespräch nicht hören könnte und schaltete den Ton ab.

Ich empfehle Ihnen, sich ebenfalls diesem Experiment zu unterziehen. Wahrscheinlich werden Sie ebenso fasziniert sein wie ich. Was ich dann sah, die stille Pantomime, das Öffnen und Schließen der Lippen, die Körperbewegungen, den Jungen, der nur einmal seine Fingernagelknabberei unterbrach ..., was ich dann sah, waren die Tanzschritte der Sprache, nur die Tanzschritte, ohne den störenden Effekt der Musik. Später hörte ich von den Therapeuten, daß diese Sitzung tatsächlich sehr erfolgreich war.

Welch eine Magie, dachte ich mir, befindet sich in den Geräuschen, die von den Leuten produziert werden, indem die Stimmbänder durch Luft in Schwingung versetzt und die Lippen geöffnet und geschlossen werden.

Therapie! In der Tat, welch eine Magie!

Und sich vorzustellen, daß die einzige, Ihnen zur Verfügung stehende Medizin die Tanzschritte der Sprache und die sie begleitende Musik ist!

Sprache! In der Tat, welch eine Magie!

Mag sich der Naive einbilden, Magie erklären zu können. Magie kann nicht erklärt werden, Magie kann nur praktiziert werden, wie Ihnen bekannt ist.

Über die Magie der Sprache nachzudenken, ähnelt dem Nachdenken über eine Theorie des Gehirns. Ebenso wie man ein Gehirn benötigt, um über eine Theorie des Gehirns nachzudenken, benötigt man die Magie der Sprache, um über die Magie der Sprache nachzudenken. Es ist die Magie dieser Ideen, die ihrer selbst bedürfen, um in Erscheinung zu treten. Sie sind von zweiter Ordnung.

Ebenso verhält es sich mit der Sprache, die sich gegen Erklärungen schützt, indem sie immer über sich selbst spricht: Es gibt ein Wort für Sprache, nämlich "Sprache"; es gibt ein Wort für Wort, nämlich "Wort". Wenn man nicht weiß, was "Wort" bedeutet, schaut man ins Wörterbuch. Ich habe das getan. Seine Bedeutung war: "Äußerung". Ich fragte mich, was ist eine "Äußerung"? Ich schaute ins Wörterbuch. Die Bedeutung im Wörterbuch war: "Ausdrücken durch *Wörter*".

Demzufolge befinden wir uns wieder dort, wo wir begonnen haben. Zirkularität: A impliziert A.

Dies ist jedoch nicht die einzige Möglichkeit, wie sich Sprache gegen Erklärungen schützt. Um ihren Erforscher zu verwirren, bewegt sie sich auf zwei verschiedenen Gleisen. Verfolgt man Sprache auf einem Strang, springt sie zum anderen über. Verfolgt man sie dort, springt sie zurück auf den ersten.

Worum handelt es sich bei diesen Schienensträngen?

Der eine Strang ist der Strang der Erscheinung. Er zieht sich durch die Landschaft, die sich vor uns ausbreitet: eine Landschaft, die wir wie durch ein Schlüsselloch betrachten.

Der andere Strang ist der Strang der Funktion. Er zieht sich durch die Landschaft, die ebenso ein Teil unserer selbst ist, wie wir ein Teil derselben sind; die Landschaft fungiert wie eine Erweiterung unseres Körpers.

Wenn sich Sprache auf dem Strang der Erscheinung bewegt, ist sie Monolog. Es gibt die Geräusche, die durch die Schwingung der Stimmbänder erzeugt werden, es gibt die Wörter, die Grammatik, die Syntax, die wohlgeformten Sätze. Im Zusammenhang mit diesen Geräuschen erfolgen die denotativen Hinweise. Weise auf einen Tisch, mache das Geräusch "Tisch"; weise auf einen Stuhl, mache das Geräusch "Stuhl".

Manchmal funktioniert das nicht. Margaret Mead erlernte schnell die Umgangssprache vieler Stämme, indem sie auf Objekte zeigte, und auf das entsprechende Geräusch wartete. Sie erzählte mir, daß sie einmal einen Stamm besuchte, auf verschiedene Objekte zeigte und immer das gleiche Geräusch, "chu mulu", zu hören bekam. Eine primitive Sprache, dachte sie, sie hat nur ein Wort zur Verfügung! Später erfuhr sie, daß "chu mulu" "mit dem Finger zeigen" bedeutet.

Wenn Sprache auf den Strang der Funktion überwechselt, ist sie Dialogik. Natürlich gibt es noch immer Geräusche; einige hören sich an wie "Tisch", andere wie "Stuhl", aber es bedarf keines Tisches oder Stuhls, da keiner auf Stuhl oder Tisch weist. Diese Geräusche sind Einladungen an den anderen, um gemeinsam einige Tanzschritte zu wagen. Die Geräusche "Tisch" und "Stuhl" lassen jene Saiten in den Gedanken des anderen mitschwingen, die Geräusche wie "Tisch" und "Stuhl" hervorbrächten, wenn sie in Schwingung gebracht würden. Sprache in ihrer Funktion ist konnotativ.

In ihrer Erscheinung ist die Sprache deskriptiv. Wenn du deine Geschichte erzählst, erzählst du, wie es war: das großartige Schiff, der Ozean, der weite Himmel, und der Flirt, den du hattest. Eine Reise, ein köstliches Vergnügen.

Aber wem erzählst du das. Diese Frage ist falsch. Die richtige Frage ist: Mit wem tanzt du deine Geschichte, so daß dein Partner mit dir über das Schiffsdeck gleitet, die salzige Luft des Ozeans riecht, seine Seele sich mit den Weiten des Himmels ausdehnt und, wenn du zur Geschichte deines Flirts kommst, ein Anflug von Eifersucht bemerkbar wird.

In ihrer Funktion ist Sprache konstruktiv, da keiner die Quelle deiner Geschichte kennt. Keiner weiß und wird je wissen, wie es war: denn was war, ist für immer verloren.

Sie erinnern sich an René Descartes, der, als er in seinem Studierzimmer saß, nicht nur bezweifelte, dort zu sitzen, sondern seine ganze Existenz in Zweifel zog. Er fragte sich: "Bin ich, oder bin ich nicht?"; "Bin ich, oder bin ich nicht?" Er beantwortete seine rhetorische Frage mit dem solipsistischen Monolog: "Je pense, donc je suis", oder, in der berühmten lateinischen Version: "Cogito ergo sum". Descartes war wohl bewußt, daß dies Sprache in ihrer Erscheinung ist, sonst hätte er seine Einsicht nicht so schnell zum Nutzen der anderen in seinem *Discours de la méthode* publiziert. Da er ebenso gut die Funktion der Sprache verstand, hätte er ausrufen müssen: "Je pense, donc nous sommes", "Cogito ergo sumus"; oder "Ich denke, also sind *wir*!"

In ihrer Erscheinung ist die Sprache, die ich spreche, *meine* Sprache. Durch sie werde ich meiner bewußt: dies ist die Wurzel des Bewußtseins.

In ihrer Funktion greift die Sprache nach dem anderen: dies ist die Wurzel des Gewissens. Und hier manifestiert sich die Ethik auf unsichtbare Weise durch den Dialog. Gestatten Sie mir, Ihnen die letzten Zeilen aus Martin

Bubers Buch *Das Problem des Menschen* vorzulesen:

"Betrachte den Menschen mit dem Menschen, und du siehst jeweils die dynamische Zweiheit, die das Menschenwesen ist, zusammen: hier das Gebende und hier das Empfangende, hier die angreifende und hier die abwehrende Kraft, hier die Beschaffenheit des Nachforschens und hier die des Erwiderns, und immer beides in einem, einander ergänzend im wechselseitigen Einsatz, miteinander den Menschen darzeigend. Jetzt kannst du dich zum Einzelnen wenden und du erkennst ihn als den Menschen nach seiner Beziehungsmöglichkeit; du kannst dich zur Gesamtheit wenden und du erkennst sie als den Menschen nach seiner Beziehungsfülle. Wir mögen der Antwort auf die Frage, was der Mensch sei, näher kommen, wenn wir ihn als das Wesen verstehen lernen, in dessen Dialogik, in dessen gegenseitig präsentem Zu-zweien-Sein sich die Begegnung des Einen mit dem Anderen jeweils verwirklicht und erkennt."

Da ich Bubers Worten nichts hinzufügen kann, ist das alles, was ich über Ethik und über Kybernetik zweiter Ordnung sagen kann.

Kybernetik der Kybernetik

Meine Damen und Herren, vielleicht können Sie sich erinnern, daß ich auf früheren Konferenzen unserer Gesellschaft meine Beiträge mit Theoremen begonnen habe, die, dank der Großzügigkeit von Stafford Beer, "Heinz von Foersters Theorem Nr. 1 und Nr. 2" genannt wurden. All das ist jedoch bereits Geschichte [1; 10]. Wenn man sich schon auf die Traditionen zweier Beispiele beruft, kann man von mir berechtigterweise erwarten, daß ich meinen heutigen Beitrag ebenfalls mit einem Theorem eröffne. Nun, das werde ich tun, aber es wird nicht meinen Namen tragen. Es läßt sich auf den chilenischen Neurophysiologen Humberto Maturana [7] zurückführen, der uns vor einigen Jahren mit seiner Darstellung über die "Autopoiesis", der Organisation von Lebewesen faszinierte.

Sein Lehrsatz, den ich "Humberto Maturanas Theorem Nr. 1" nennen möchte, lautet:

"Alles Gesagte wird *von* einem Beobachter gesagt."

Sollten Sie auf den ersten Blick die Tiefgründigkeit, die sich hinter der Einfachheit dieses Lehrsatzes verbirgt, nicht verstehen, dann möchte ich Sie an die von West Churchman an diesem Nachmittag formulierte Ermahnung erinnern: "Sie werden überrascht sein, wieviel mit einer Tautologie gesagt werden kann." Natürlich ist diese Aussage als Trotzreaktion auf die Behauptung der Logiker zu verstehen, daß eine Tautologie nichts aussagt.

Ich möchte Maturanas Theorem einen Folgesatz hinzufügen, den ich in aller Bescheidenheit "Heinz von Foersters Folgesatz Nr. 1" nennen möchte:

"Alles Gesagte wird *zu* einem Beobachter gesagt."

Mit diesen beiden Lehrsätzen ist eine nicht-triviale Verbindung zwischen drei Begriffen hergestellt. Erstens, dem des Beobachters, der aufgrund des Theorems 1 sich durch seine Fähigkeit auszeichnet, Beschreibungen zu machen. Natürlich ist das, was ein Beobachter sagt, eine Beschreibung. Der zweite Begriff ist der der Sprache. Theorem 1 und Folgesatz 1 verbinden zwei Beobachter durch Sprache. Aber durch diese Verbindung haben wir wiederum einen dritten Begriff eingeführt, über den ich heute abend sprechen möchte, nämlich den der Gesellschaft: die zwei Beobachter sind die Keimzelle einer Gesellschaft. Lassen Sie mich die drei Begriffe, die auf triadische Art und Weise miteinander verbunden sind, wiederholen. Es sind 1. die Beobachter, 2. die von ihnen benutzte Sprache und 3. die Gesellschaft, die sie durch den Gebrauch ihrer Sprache konstituieren. Diese Wechselbeziehung kann vielleicht verglichen werden mit der Wechselbeziehung zwischen dem Huhn, dem Ei und dem Hahn. Man kann nicht sagen, welches von ihnen das erste und welches das letzte war. Man braucht alle drei, damit es alle drei gibt. Zum besseren Verständnis meines Vortrags dürfte es hilfreich sein, diese geschlossene triadische Beziehung nicht zu vergessen.

Zweifellos werden Sie, ebenso wie ich, der Überzeugung sein, daß die wesentlichen Probleme heutzutage sozialer Natur sind. Andererseits ist der gigantische Begriffsapparat für Problemlösungen, der sich in unserer westlichen Kultur entwickelt hat, kontraproduktiv, und zwar nicht nur im Hinblick auf die Lösung, sondern im wesentlichen auf die Wahrnehmung sozialer Probleme. Ein maßgeblicher Grund für den blinden Fleck unserer Wahrnehmung, der unser Verständnis für soziale Probleme trübt, ist das traditionelle Erklärungsparadigma, das auf zwei Operationen basiert: die eine ist das Kausalprinzip, die andere die Deduktion. Es ist interessant festzustellen, daß wir die unerklärlichen Dinge - d.h. die Dinge, die wir nicht begründen oder verstandesmäßig nicht erfassen können, nicht sehen möchten. In anderen Worten, etwas, das wir nicht erklären können, kann nicht gesehen werden. Auf diese Tatsache verweist Don Juan, ein Yaqui-Indianer und Mentor Carlos Castanedas, unerbittlich [2; 3; 4; 5].

Don Juan ist darum bemüht, einen kognitiven blinden Fleck in Castanedas Vorstellungsvermögen mit neuen Wahrnehmungen auszufüllen; er möchte ihn das "Sehen" lehren. Dies ist eine doppelte Schwierigkeit, da Castaneda einerseits die Erfahrungen, für die er keine Erklärungen hat, als "Illusionen" abstempelt, und andererseits, weil die logische Struktur des Phänomens "blinder Fleck" eigenartige Merkmale aufweist. Das ist dadurch bedingt, daß wir unseren blinden Fleck nicht wahrnehmen, z.B. indem wir in der Nähe des Zentrums unseres Blickfeldes einen schwarzen Punkt sähen: nein, wir können nicht sehen, daß wir einen blinden Fleck haben. Mit anderen Worten, wir sehen nicht, daß wir nicht sehen. Ich möchte dies einen Mangel zweiter Ordnung nennen, und die einzige Möglichkeit, derartige Mängel zu überwinden, besteht darin, sich den Therapien zweiter Ordnung zu unterziehen.

Die Popularität der Bücher von Carlos Castaneda ist für mich ein Indiz dafür, daß seine Ansichten verstanden werden: neue Paradigmen treten in Erscheinung. Ich benutze den Begriff "Paradigma" im Sinne von Thomas

Kuhn [6], der mit diesem Terminus auf eine kulturspezifische oder sprachspezifische Stereotype oder ein Modell zur semantischen Verbindung von Beschreibungen verweist. Wie Sie sich erinnern können, geht Thomas Kuhn davon aus, daß ein bedeutender Paradigmenwechsel stattfindet, wenn das herrschende Paradigma sich als unfähig erweist oder Unbeständigkeiten und Widersprüche aufweist. Ich dagegen möchte darauf hinweisen, daß mir zumindest zwei Fälle bekannt sind, in denen nicht die fortschreitende Brüchigkeit des herrschenden Paradigmas, sondern gerade sein fehlerfreies Funktionieren zu seiner Ablehnung geführt hat. Einer dieser Fälle war Kopernikus' neue Vorstellung von einem heliozentrischen Planetensystem, das er zu einer Zeit entdeckte, als sich das ptolemäische geozentrische System im Hinblick auf die Präzision seiner Voraussagen auf dem Höhepunkt befand. Der andere Fall, so möchte ich behaupten, ist heutzutage von denjenigen von uns initiiert worden, die - um alles in der Welt - nicht mehr bereit sind, dem fehlerfreien aber sterilen Pfad zu folgen, d.h. die Eigenschaften zu erforschen, denen man unterstellt, den Objekten innezuwohnen, und sich stattdessen der Erforschung der Eigenschaften zuwenden, die nun im Beobachter dieser Objekte vermutet werden. Ziehen wir z.B. die "Obszönität" in Betracht. In unregelmäßigen Abständen wird von den obersten Richtern dieses Landes ein Ritual inszeniert, bei dem sie bemüht sind, ein für allemal eine Liste all der Eigenschaften zu erstellen, die ein obszönes Objekt oder eine obszöne Tätigkeit kennzeichnen. Da es sich bei der Obszönität nicht um eine Eigenschaft handelt, die den Dingen innewohnt (wenn wir z.B. Herrn X ein Gemälde zeigen, das er als obszön bezeichnet, wissen wir sehr viel über Herrn X, aber recht wenig über das Gemälde), werden wir einiges über unsere Gesetzgeber wissen, wenn sie schließlich mit einer imaginären Liste aufwarten, aber ihre Gesetze sind nichts weiter als gefährlicher Unsinn.

Damit möchte ich nun auf eine weitere Ursache unseres kognitiven blinden Flecks übergehen. Es handelt sich hierbei um eine eigenartige Verblendung in unserer westlichen Tradition, nämlich die "Objektivität":

"Die Eigenschaften des Beobachters dürfen nicht in die Beschreibung seiner Beobachtungen eingehen."

Aber wie wäre es möglich, überhaupt eine Beschreibung anzufertigen, wenn der Beobachter nicht die Eigenschaften besäße, die die Anfertigung einer Beschreibung erfordert? Demzufolge behaupte ich in aller Bescheidenheit, daß der Anspruch auf Objektivität unsinnig ist! Man mag versucht sein, die "Objektivität" zu verwerfen, um sich nun der "Subjektivität" zu versichern. Aber, meine Damen und Herren, erinnern Sie sich bitte, daß aus der Ablehnung einer unsinnigen Behauptung eine andere absurde Behauptung resultiert. Der Unsinn dieser Behauptungen - ob man ihnen nun positiv oder negativ gegenübersteht - kann jedoch nicht in dem Begriffssystem, in dem diese Behauptungen aufgestellt wurden, wahrgenommen werden. Was können wir in einem solchen Fall tun? Wir müssen eine neue Frage stellen:

"Welches sind die Eigenschaften eines Beobachters?"

Ich möchte gleich Ihre Aufmerksamkeit auf die eigenartige Logik lenken, die dieser Frage zugrunde liegt. Welche Eigenschaften wir auch immer feststellen, es sind wir, Sie und ich, die diese Beobachtung vorzunehmen haben, d.h. wir müssen unsere eigene Beobachtung beobachten und letztendlich in unsere Bilanz miteinbeziehen. Öffnet dies nicht dem logischen Unfug von Sätzen, die sich auf sich selbst beziehen ("Ich bin ein Lügner") Tür und Tor, die so erfolgreich durch Russels Theorie der Typen ausgeschlossen wurden und uns nie wieder beschäftigen sollten? Ja und Nein!

Es ist mir eine Genugtuung, Ihnen mitteilen zu können, daß die wesentlichen Begriffssäulen einer Theorie des Beobachters erarbeitet wurden. Die eine ist die Errechnung unendlicher Rekursionen [11], die andere ist eine Errechnung der Selbst-Referenz [9]. Durch diese Rechnungsarten sind wir nun in der Lage, mit aller Strenge ein Begriffssystem zu erschließen, das sich mit dem Beobachten und nicht nur mit dem Beobachteten befaßt.

Vorhin habe ich vorgeschlagen, eine Therapie zweiter Ordnung zu erfinden, um sich mit Dysfunktionen zweiter Ordnung befassen zu können. Ich schlage vor, die Kybernetik von beobachteten Systemen als Kybernetik erster Ordnung zu betrachten; die Kybernetik zweiter Ordnung ist dagegen die Kybernetik von beobachtenden Systemen. Dies stimmt mit einer Formulierung von Gordon Pask [8] überein. Auch er unterscheidet zwei Ordnungen der Analyse. Eine, durch die der Beobachter in das System eindringt, indem er den Zweck des Systems festsetzt. Nennen wir dies eine "Festsetzung erster Ordnung". Bei einer "Festsetzung zweiter Ordnung" begibt sich der Beobachter in das System, indem er sein eigenes Ziel festsetzt.

Aus diesem Grund dürfte klar sein, daß soziale Kybernetik eine Kybernetik zweiter Ordnung - eine Kybernetik der Kybernetik - sein sollte, damit der Beobachter, der sich in das System einbezieht, seine eigenen Ziele bestimmt: er ist autonom. Wenn wir das nicht täten, würde ein anderer an unserer Stelle ein Ziel setzen. Wenn wir das nicht täten, würden wir überdies denjenigen, die die Verantwortung für ihre eigenen Taten an andere delegieren, die Rechtfertigungen liefern: "Ich bin für meine Taten nicht verantwortlich; ich folge nur Befehlen." Wenn wir schließlich nicht jedem Autonomie zugestehen, würden wir uns in eine Gesellschaft verwandeln, die sich bemüht, Verpflichtungen zu erfüllen und dabei die Verantwortung aus den Augen verliert.

Ich bin den Organisatoren und Teilnehmern dieser Konferenz, die es mir ermöglichten, meine Betrachtungen über Kybernetik im Kontext sozialer Verantwortung vorzutragen, zu großem Dank verpflichtet. Ich möchte ihnen meine Beifall bekunden. Vielen Dank.

Literatur

[1] Beer, S., *Platform for Change:* 327, New York: Wiley, 1975.

[2] Castaneda, C., *Die Lehren des Don Juan. Ein Yaqui-Weg des Wissens,* übers. v. Céline und Heiner Bastian, Frankfurt a.M., 1973.

[3] ders., *Eine andere Wirklichkeit. Neue Gespräche mit Don Juan* , übers. v. Nils Lindquist, Frankfurt a.M., 1975.

[4] ders., *Reise nach Ixtlan. Die Lehre des Don Juan* , übers. v. Nils Lindquist, Frankfurt a.M., 1975.

[5] ders., *Der Ring der Kraft. Don Juan in den Städten* , übers. v. Nils Lindquist, Frankfurt a.M., 1976.

[6] Kuhn, T., *Die Struktur wissenschaftlicher Revolutionen*, übers. v. K. Simon, Frankfurt a M., 1967.

[7] Maturana, H., "Neurophysiology of cognition", in Garvin, P. (Ed.), *Cognition, A Multiple View:* 3-23, New York: Spartan Books, 1970.

[8] Pask, G., "The meaning of cybernetics in the behavioral sciences (the cybernetics of behavior and cognition: extending the meaning of 'goal')" in Rose, J. (Ed.), *Progress in Cybernetics*, Vol. 1: 15-44, New York: Gordon and Breach, 1969.

[9] Varela, F., "A calculus for self-reference", *International Journal of General Systems*, 2, No. 1: 1-25, 1975.

[10] von Foerster, H., "Responsibility of competence", *Journal of Cybernetics*, 2, No. 2: 1-6, 1972. Vgl. in diesem Band S. 161-173.

[11] Weston, P.E. and von Foerster, H., "Artificial intelligence and machines that understand", in Eyring, H., Christensen, C.H., and Johnston, H.S. (Eds.), *Annual Review of Physical Chemistry*, 24: 358-378, Palo Alto: Annual Review Inc., 1973.

Epistemologie und Kybernetik: Rückblick und Ausblick. Ein Fragment*

0. Auftakt

Mein Freund Gianluca Bocchi sagte in seiner Vorrede, daß ich für Sie eine Bereicherung sei. Ich möchte dieses Kompliment umkehren und sagen: Sie sind eine Bereicherung für mich! Selten habe ich eine Gruppe von Menschen kennengelernt, mit denen ich mich so schnell verwandt fühlte; wo Richtungen und Tendenzen, die von gemeinsamen tiefen Quellen der Kultur, Geschichte, Philosophie, Technologie und Mathematik gespeist werden, einen Gedanken- und Ideenstrom bilden, der mich zutiefst berührt. Ich möchte mich bei Mauro Ceruti bedanken, der mich in meinem kalifornischen Versteck aufgestöbert hat und mir vorschlug, bei meinem Europaaufenthalt nach Mailand zu kommen, um vor den Mitgliedern und Freunden Ihrer Gruppe einen Vortrag zu halten. Nachdem ich das Einladungsschreiben erhielt, rief ich Ihr Institut an und fragte, worüber ich sprechen soll. Die Verbindung Pescadero-Mailand war ebenso perfekt wie das Englisch meiner Korrespondentin. Ihre Kenntnisse meiner Veröffentlichungen: *Observing Systems* (Seaside, California 1981), *Cybernetics of Cybernetics* (San Jose 1974) usw. und ihr Vorschlag, einige Aspekte dieser Bücher mit Fragmenten meiner persönlichen Geschichte zu verbinden, veranlaß-

* Vortrag, gehalten am 18. Feb. 1985 in der Casa della Cultura in Mailand innerhalb der Vortragsreihe *La sfida della complessita*.

ten mich, ein Thema zu wählen, das diesem Ereignis gerecht wird. Ich dachte mir, daß Sie an der Entwicklung des Begriffs der Kybernetik von einer Ontologie zu einer Epistemologie interessiert sein könnten, d.h. an einem Wandel von einem etwas statischen zu einem dynamischeren, tieferen Konzept, bei dem es sich nicht so sehr um das "Wissen", sondern um seine Aneignung handelt. Dieser Transformationsprozeß vollzog sich vielleicht innerhalb der letzten 40 Jahre und befindet sich, glücklicherweise, immer noch in der Entwicklung. Hier stehe ich nun und versuche, Ihren Erwartungen durch meinen Bericht über diesen Entwicklungsprozeß gerecht zu werden, indem ich Ihnen einen Rückblick und einen Ausblick auf die daraus entstandene Beziehung zwischen einer Epistemologie und der Kybernetik geben werde.

Ich möchte diese Evolution in fünf Punkten entwickeln. Zuerst möchte ich mich mit vier philosophischen Themen, der Metaphysik, der Ontologie, der Epistemologie und der Ontogenetik auseinandersetzen, die eng mit dem Begriff der Kybernetik verwoben sind. Dies gibt mir die Möglichkeit, die Schwerpunktverschiebung zu skizzieren, die sich in dieser Transformation vollzogen hat. Andererseits haben Sie dadurch die Möglichkeit, meinen Standpunkt kennenzulernen.

Zweitens möchte ich über meine Zusammenkünfte und Freundschaften mit einigen zukunftsweisenden Denkern aus aller Welt berichten, Philosophen, Psychologen, Mathematikern, Logikern, Biologen usw.: den "Neuro-Philosophen" der zweiten Hälfte des 20. Jahrhunderts.

Drittens möchte ich ein wenig über das *Biological Computer Laboratory* erzählen, das ich mit Hilfe all dieser

Freunde gegründet habe und über 30 Jahren an der Universität von Illinois in Champain/Urbana leitete.

Von vornherein waren wir an den philosophischen, insbesondere den epistemologischen Grundlagen der Kybernetik interessiert. Wir stellten fest, daß die Kybernetik den Begriffen zuzuordnen ist, denen die merkwürdige Eigenschaft innewohnt, auf sich selbst angewandt werden zu können. Das bedeutet, über eine Kybernetik der Kybernetik nachzudenken oder, wie man mitunter sagt, eine "Kybernetik zweiter Ordnung". Die Logik, die sich mit diesem Begriff der zweiten Ordnung auseinandersetzt, wird im allgemeinen als "Autologie" bezeichnet, und dies wird die Topik meines vierten Gliederungspunktes sein.

All dies ist jedoch nur ein Rückblick. Meinen Ausblick habe ich dem fünften und letzten Punkt vorbehalten. An dieser Stelle werde ich einige Anmerkungen über einige noch nicht gelöste Probleme machen, die ihren Ursprung in der Biologie, der Soziologie und der Ethik haben, jedoch im wesentlichen Probleme der Kybernetik sind. Deshalb sollten ihnen nicht nur die Kybernetiker höchste Aufmerksamkeit schenken, sondern auch all diejenigen, die von den Problemen der Biologie fasziniert sind oder an unseren heutigen sozialen und ethischen Problemen interessiert sind.

Nach diesen Vorbemerkungen möchte ich nun zum Thema kommen.

1. Vier Zweige der Philosophie

I. Metaphysik

Die hervorragende *Encyclopedia of Philosophy* beginnt ihren aus 3000 Wörtern bestehenden Artikel über das "Wesen der Metaphysik" mit dem Satz: "Fast alles in der Metaphysik ist kontrovers, und deshalb nimmt es nicht Wunder, daß es unter denen, die sich Metaphysiker nennen, nur wenig Übereinstimmung darüber gibt, was sie eigentlich genau erreichen wollen." Meine Stellung zu diesem Begriff habe ich anderswo* geäußert, hier will ich nur ein paar historische Bemerkungen machen. Wie wir uns alle erinnern, taucht "Metaphysik" zum ersten Mal in Zusammenhang mit Aristoteles auf. Nach-(griechisch *meta*)-dem er über Meteorologie, den Himmel, die Tiere und deren Bewegungen, über Entstehen und Vergehen usw. und natürlich auch über Physik geschrieben hatte, wurden seine Gedanken darüber, worum es sich bei all diesen Problemen handelt ("meta ta physika"), unter dem Titel "Metaphysik" zusammengefaßt.

Ganz im Sinne unserer Auffassung von Kybernetik als einer Denkform, die sich mit "Entstehen", "Werden", "Evolvieren", und anderen kreativen Prozessen beschäftigt, setzt Aristoteles an die Spitze seines 30tausend Wörter umfassenden Essays das Axiom:

"Von Natur aus sind alle Menschen wißbegierig."

Leider läßt sich die Eleganz des Griechischen, in dem das Verbundwort "wißbegierig" oder die Phrase "begierig zu wissen" durch ein einziges Wort "gignosko" ausgedrückt

---

* s. "Ethik und Kybernetik zweiter Ordnung" in diesem Band S. 60-83.

wird, weder im Deutschen noch im Englischen wiedergeben. Im Englischen ist die Sache sogar noch schlimmer, denn da gibt es nicht einmal ein Wort für "Mensch" (anthropos). Übersetzt man "alle Menschen" mit "all men", beschweren sich die Damen, wieso schon wieder nur "alle Männer" wißbegierig sein sollen. Übersetzt man "alle Menschen" landläufig aber hölzern mit "all human beings", dann hat man ihnen alle Verantwortung für ihr Handeln abgenommen, denn dann sind Menschen eben wie sie sind! Ich wäre glücklicher, wenn es im Englischen einen Ausdruck wie "human becoming" gäbe, denn das wäre doch eine Einladung, ein Mensch zu werden.

Die Metaphysik des Aristoteles empfiehlt für eine erfolgreiche Untersuchung Prinzipien, Grundsätze und Richtlinien. Zentrale und entscheidende Bedeutung mißt er dem Kausalitätsprinzip bei, wobei er vier Fälle unterscheidet: die formale, die materielle, die wirkende Ursache (causa efficientis) und die zielgerichtete Ursache (causa finalis). Alle Fälle haben das gleiche Folgeschema, das eine "Folge" durch eine Transformationsregel mit einer "Ursache" verbindet. Während, zum Beispiel, bei der Wirkungsursache (c. efficientis) die Transformationsregel gewöhnlich als ein "Naturgesetz" interpretiert wird, bei dem die Ursache der Wirkung vorausgeht: zuerst öffnet man die Hand (Ursache), dann, zufolge der Schwerkraft (Transformationsregel oder "Naturgesetz") fällt der Stein zu Boden (Wirkung), ist im Falle der zielgerichteten Ursache (c. finalis) die Abfolge von Ursache und Wirkung der Wirkungsursache entgegensetzt: eine Tätigkeit in der Gegenwart: zuerst dreht man den Lichtschalter an (Wirkung), um ein Ziel in der Zukunft, z.B. nicht über Möbel zu stolpern (Ursache) zu erreichen. Die treibende Kraft (die Transformationsregel) ist hier Wunsch oder Gehorsam.

In Aristoteles' Metaphysik ist die *causa finalis* das alleroberste Prinzip: "Alles *dient* einem Zweck."

Kant hingegen sah als oberstes Prinzip die *causa efficientis*: "Alles Geschehen *hat* einen Grund."

Ich möchte zu den Positionen von Kant und Aristoteles Ludwig Wittgensteins Ansicht zu diesem Problem hinzufügen (Satz 5.1361 im *Tractatus logico-philosophicus*): "Der Glaube an den Kausalnexus ist der *Aberglaube*."

Es ist klar, daß dieser Exkurs in die Metaphysik nicht viel über Kausalität aussagt, jedoch einiges über die Metaphysiker Aristoteles, Kant und Wittgenstein.

II. Ontologie

Das griechische *eimi*, "Ich bin", ist eine Konjugation des Infinitivs *einai*, "sein" (das lateinische *esse*). Das Partizip Präsenz von *einai* ist *on*, "seiend". Ontologie ist die Wissenschaft, die Theorie, die Lehre usw. vom "Sein" oder Untersuchungen darüber, "wie es ist". Als dieser Gedanke und jener Terminus im siebzehnten Jahrhundert aufkam, war das "es" natürlich eine Umschreibung Gottes. Da die Tätigkeit eines Theologen auch darin bestand (und besteht), die Existenz Gottes zu beweisen, war die Ontologie in ihren Anfängen eine theologische Auseinandersetzung mit einem zentralen Thema: "Die ontologische Beweisführung der Existenz Gottes" oder "Der ontologische Gottesbeweis". Eine Form dieser Beweisführung war die Schlußfolgerung der Existenz aus einem Begriff: wenn man sich ein vollkommenes Wesen vorstellen kann, muß es auch existieren!

Obwohl Kant, Schopenhauer und andere mit diesem syntaktisch-semantischem Durcheinander aufgeräumt hatten, existiert es noch heutzutage in den unterschiedlichsten Verkleidungen. Ein Wandel dieser Beweisführung, der sich in den letzten 150 oder 200 Jahren vollzog, ist eine Verschiebung des "es" als Bezugnahme auf Gott zu einer Bezugnahme auf die Welt: die Aufgabe der Ontologie besteht heute darin, die Beschaffenheit der Welt "wie sie ist" zu erklären.

Natürlich gibt es Ontologen, die ihre Tätigkeit anders interpretieren. Z.B. hat Heidegger die Dyade "Sein" und "Nichts" als das zentrale Thema der Ontologie betrachtet. Oder Quine, der sich Gedanken macht über die Existenz von Gegenständen, deren Art der Glaube an eine bestimmte Theorie impliziert. Im wesentlichen ist jedoch die Ontologie für viele Ontologen zum "Essentialismus" geworden (im Gegensatz zum "Existenzialismus", über den ich später einige Worte verlieren möchte), d.h. zur Erklärung des Wesens der Welt. Bei diesem Versuch wird eine Welt vorausgesetzt, ansonsten gäbe es nichts zu erklären. Demzufolge läuft die Ontologie Gefahr, in einen naiven Realismus zu entgleisen: es gibt "da draußen" eine absolute Welt, die unabhängig von uns existiert, ob wir sie nun beobachten oder nicht. Die Frage, "Gibt es den Mond, wenn keiner hinsieht?", wird von den naiven Realisten (und wahrscheinlich auch von den Ontologen) mit einem zuversichtlichen "Aber natürlich!" beantwortet. Bemerken Sie auch wiederum, daß dies nicht viel über den Mond aussagt, sondern, wie Quine bemerkt, eher etwas über Ontologen.

Einer der faszinierenden Aspekte der frühen Kybernetik war die Möglichkeit einer Ontologie, ohne gefahrzulaufen, in einen naiven Realismus abzugleiten. Und zwar, weil selbst die elementarsten Modelle des Signalflusses in einem kybernetischen System eine (motorische) Interpretation eines (sensorischen) Signals bedürfen. Sie mögen sich erinnern, daß die durch die Kybernetik initiierte geistige Revolution darin bestand, einer "Maschine", bei der es sich im wesentlichen um ein motorisches Energiesystem handelt, einen "Sensor" hinzuzufügen, der die Aktivitäten der Maschine (oder des Organismus) "registrieren" kann und - nötigenfalls - bei auftretenden Abweichungen von einem "Sollwert" (goal) Korrekturen dieser Aktivitäten einleitet. Abbildung 1 dient der Auffrischung Ihres Gedächtnisses:

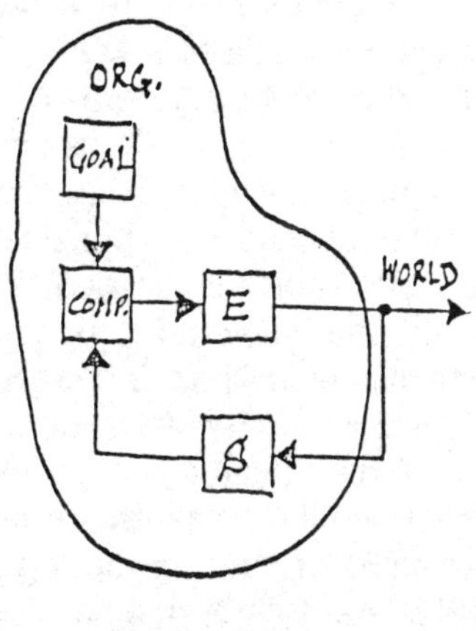

Abbildung 1

Das vom Sensor (S) produzierte Signal, der den (externen) Zustand des Systems (Maschine, Organismus) darstellt, wird mit einem Signal verglichen, das den gewünschten Zustand, den "Sollwert", das "Ziel" (goal), bei einem Computer (comp.) repräsentiert, der wiederum den Effektor (E) informiert, eine Korrektur vorzunehmen, je nach dem, ob der gewünschte Zustand überschritten oder noch nicht erreicht wurde. Sie werden feststellen, daß in diesem Fall die Vorstellung von einer Ontologie nicht in einen naiven Realismus abgleiten kann, denn alle durch die Sensoren (sagen wir "Fühler") gelieferten Signale sind über die Effektoren (sagen wir "Greifer") zum erwünschten Zielverhalten gebunden. Also hier wird aus der Welt "wie sie ist" eine Welt, die man "begreifen" kann.

Zweifellos wird jedoch nur einer außenstehenden Person, die diesen Organismus beobachtet, der Eindruck vermittelt, als ob dieser auf eine äußere Welt einwirkt. Andererseits hat der Organismus selbst keine Möglichkeit, "aus sich" herauszutreten: das einzige, was er "weiß", sind die Wahrnehmungswechsel, die er teilweise durch seine eigenen motorischen Aktivitäten kontrollieren kann. In anderen Worten, für den Organismus ist es prinzipiell unmöglich zu entscheiden, ob die Schleife, die den Effektor mit dem Sensor verbindet, innerhalb oder außerhalb seiner selbst liegt. Wollte man also eine Theorie des Organismus ohne den Anspruch auf einen außenstehenden Beobachter entwickeln, dann muß die Effektor/Sensor-Verbindung wie in Abbildung 2, innerhalb des Organismus liegen. Dann trägt auch der Organismus die Verantwortung für seine Beobachtungen. Dies ist der Schritt zu einer Theorie des Beobachtens, d.h. zu einer Epistemologie.

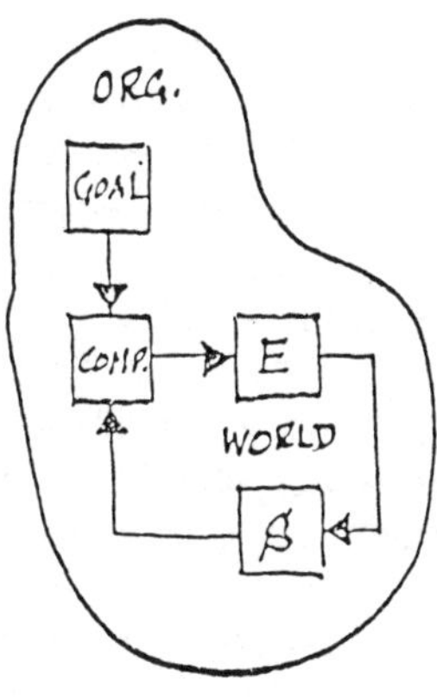

Abbildung 2

III. Epistemologie

Der Begriff "Epistemologie" stammt aus dem Griechischen. Mit der Vorsilbe *epi*, was soviel wie "(hin)auf" oder "oben" bedeutet und *histamai* (stehe), könnte es wörtlich mit "oben stehen" oder einem "Darüberstehen" übersetzt werden. Die Sprecher der englischen Sprache bevorzugen offenbar, die Dinge von unten zu sehen und sprechen demzufolge anstatt von einem "upper-standing" (Darüberstehen) von einem "under-standing" (Darunter-stehen). Verwirrend ist die deutsche Version dieser kognitiven Fähigkeit, nämlich das *Ver-stehen*, wobei das Präfix *ver* den Eindruck von Beseitigung, Verlust, ungezielter Tätigkeit, Verbrauchtsein, Wechsel, Umkehr usw. entstehen läßt, und *ver-stehen* als "un-stehen" verstanden werden kann.

Während im Griechischen "Darüber-stehen" semantische Verbindungen zu Kunstfertigkeit und Praxis, also zur motorischen Kompetenz bestehen, haben die englischen und deutschen Bedeutungen von un- und darunter-stehen eine engere Verbindung zur *gnosis*, d.h. zur geistigen Kompetenz: Kenntnis und Wissen. Dies wird offensichtlich durch die allgemeine Bezeichnung der "Epistemologie" als Erkenntnistheorie oder, was ich bevorzugen würde, eine "Theorie des Er-Wissens", eine "Theorie des Verstehens". Da jedoch eine Theorie von Etwas zum Verstehen dieses "Etwas" führen sollte, möchte ich zu bedenken geben, daß Epistemologien auf das Verstehen des Verstehens abzielen.

Dies läßt darauf schließen, daß eine Epistemologie ebenfalls ein Mitglied der Familie der Begriffe zweiter Ordnung ist, und, wie ich versprochen habe, werde ich über die merkwürdigen logischen Eigenschaften dieser Begriffe in meinem vierten Gliederungspunkt sprechen. Allerdings sollten Sie einen Augenblick darüber nachdenken, was das Verstehen von Verstehen im Gegensatz zum Verstehen von "Irgendetwas" impliziert. Während im letzten Fall der Prozeß des Vestehens als etwas Selbstverständliches erachtet wird, und die Aufmerksamkeit auf das Etwas gelenkt wird, ist dieser Prozeß im ersten Fall sozusagen auf sich selbst gerichtet. Dies läßt auf eine Form des "Selbst-Verständnisses" schließen, was sich allerdings im wesentlichen von der Position, daß gewisse Axiome "selbstverständlich" oder "in-sich-evident" sind, unterscheidet, eine Position, die von Logikern der Jahrhundertwende vertreten wurde und die damit offenbar entweder die Last der Gültigkeit oder die Verantwortung für die Aufstellung dieser Axiome nicht auf sich nehmen wollten.

Natürlich gibt es Epistemologen, die weitaus stärker zum griechischen Begriff des Wissens im Sinne von Praxis tendieren. Vielleicht war der hervorragendste Vertreter dieser Denkrichtung der schweizer experimentelle Epistemologie Jean Piaget.

Jean Piaget verbindet Verstehen mit Erfahrung durch Handeln: "... kein Wissen basiert allein auf Wahrnehmungen, da diese immer von Handlungsmustern geleitet und begleitet werden. Wissen geht deshalb aus Handlung hervor..." Wenn demzufolge "Theorie des Wissens" soviel wie "Epistemologie" bedeutet, dann läßt sich das gleiche von einer "Theorie des Erfahrens" sagen. Man sieht das aus der Gegenüberstellung von Ontologie und Epistemologie: Ontologie erklärt die Beschaffenheit der Welt; Epistemologie erklärt die Beschaffenheit unserer Erfahrung von dieser Welt.

Während man einerseits die Ontologen nur warnen kann, nicht in die Falle des naiven Realismus zu gehen, kann man für die Epistemologen diese Falle insgesamt eliminieren, indem man die letzten drei Worte im obigen Satz entfernt: Epistemologie erklärt die Beschaffenheit unserer Erfahrungen.

Daraus folgt:
Erfahrung ist die Ursache,
Die Welt ist die Folge,
Epistemologie ist die Transformationsregel.

IV. Ontogenetik

Ontogenese bezieht sich auf einen Prozeß und Ontogenetik auf die Wissenschaft, Theorie, Lehre usw. von diesem Prozeß. Gemeint ist natürlich der Prozeß des

"Werdens", der seinen Ausdruck findet in der Kombination aus einem Bezug zu "sein", *onto* (wie in Ontologie), und einem Bezug zu "Ursprung", "Geburt", "Erschaffung", dem griechischen *genesis*. Das entsprechende Verb im Lateinischen ist *ex-sistere*, "aufstehen", "entstehen", "erscheinen", mit dem Präfix *ex*, d.h. "heraus", und *sistere*, "stehen", dem Griechischen *histamai* verwandt (wie in Epistemologie). Nahe verwandt zum Lateinischen "herausstehen" ist das Deutsche "ent-stehen", mit der Vorsilbe "ent-", die (wie kann es anders sein) das Aroma einer Entwicklung, Entfaltung etc. spüren läßt.

Andererseits sprachen die Römer von *genesis*, wenn sie sich auf die Himmelskonstellation bezogen, unter der die Geburt eines Menschen steht. Benutzt man im Englischen das Wort "existence" (Existenz), dann verschiebt sich die Bedeutung von einem dynamischen Werden zu einem statischen Sein. Wie ich schon vorher bemerkte, ist es weitaus bequemer, ein Menschliches Sein (human being) als ein Menschliches Werden (human becoming) zu sein. Im ersten Fall ist das Menschsein garantiert, was auch immer geschehen mag; im zweiten Fall muß man sich seines Menschseins immer auf's neue gewärtigen. Hierauf bezogen sich Frankl, Sartre, Jaspers und andere "Werder" (becomers), wenn sie über Existentialismus sprachen.

Ontologisch Unerklärliches kann sich als ontogenetische Notwendigkeit herausstellen. Der Nabel ist ein ontologischer Scherz, ein Schnörkel, ein barockes Rätsel auf dem Bauch. Ontogenetisch gesehen, würden wir ohne ihn nicht leben. Gläubige, die das Dasein der Menschheit durch eine Evolutionstheorie, und solche, die unsere Existenz durch einen singulären Akt der Schöpfung verstehen wollen, greifen gleichermaßen nach einer ontogenetischen Erklärung für ein sonst unerklärliches Phänomen: Da sind wir!

Ein weiteres Beispiel, in dem die kognitive Kluft zwischen ontologischer und ontogenetischer Sichtweise besonders dramatisch hervorsticht, besteht in unseren Fragen über Sprache.

"Was ist Sprache?" ist eine Frage, die als beantwortet erachtet werden kann, da sie gestellt wurde, denn wie hätte die Frage gestellt werden können, wenn man nicht die Sprache beherrscht. Wenn ausschließlich nur die ontologischen Aspekte der Sprache betrachtet werden, ohne deren Ontogenese zu berücksichtigen, wendet man sich tendenziell der Syntax zu: man verlangt nach den Verknüpfungsregeln, mit denen man die sogenannten "wohlgeformten Sätze" bilden kann. Die Fähigkeit, derartige Sätze zu bilden, bezeichnet man dann als "sprachliche Kompetenz", und es ist wichtig, darauf hinzuweisen, daß bei diesem ontologischen Ansatz nur der Produzent dieser Verknüpfungen berücksichtigt wird. Dagegen wird der Zuhörer, an den meines Erachtens überhaupt erst ein Satz gerichtet ist, völlig ignoriert: Sprache degeneriert zu einem Monolog.

Natürlich ist Sprache, ontogenetisch gesehen, das Ergebnis der Interaktion von zumindest zwei Individuen, ein dynamischer Zustand, den Humberto Maturana eine "strukturelle Koppelung" nennt. Wenn man diese dialogische Position vertritt, kann man die Frage "Wie antwortet B auf die Frage von A?" in dieser Naivität nicht mehr stellen. Das Problem ist nun: "Wie interpretiert A die Antwort von B, die wiederum eine Interpretation der Frage von A ist?" Mit anderen Worten, individuell gesehen handelt es sich um ein hermeneutisches Problem, soziologisch dagegen ist es ein Problem der "kommunikativen Kompetenz".

Es ist ebenso klar, daß die Kybernetik nicht nur für derartig symmetrische Interaktionen den Begriffsapparat zu einer Formalisierung liefert (z.B. könnte B als Rückkoppelungsschleife für A dienen, und umgekehrt), sondern auch für eine andere bedeutende Eigenschaft der Sprache, denn ihr Vokabular enthält das Wort "Sprache", ja es enthält sogar das Wort "Wort". Auf dieses interessante Problem werde ich später zurückkommen. Nun möchte ich allerdings mein Versprechen einhalten, indem ich kurz darauf eingehe, wie es dazu kam, daß ich mich mit kybernetisch-philosophischen Problemen beschäftige.

2. Die Macy-Tagungen

Am Ende des Zweiten Weltkriegs kehrten ich und meine Familie zurück nach Wien, in eine geschlagene, schwer verwundete Stadt, besetzt von Soldaten der russischen Armee, zu denen später die anderen Alliierten Streitkräfte, Franzosen, Engländer und Amerikaner, hinzukamen. Ich hatte zwei Jobs: den einen, um meine Familie zu ernähren, den anderen, damit ich meine Zigaretten auf dem Schwarzmarkt kaufen konnte.

Lange vor diesen sehr schweren, aber dennoch faszinierenden Zeiten, in denen wir bemüht waren, wieder Boden unter unsere Füße zu bekommen, spielte ich mit dem Gedanken einer Theorie der Dynamik des menschlichen

Gedächtnisses. Es war mir jedoch nicht möglich, irgendwelche Literatur über Experimente, die entweder meine Theorie bestätigte oder widerlegte, ausfindig zu machen. Da entdeckte ich zufälligerweise in einer Hausruine in einem Antiquariat - es gab damals keine Bücher aus "erster Hand" - ein Buch von Herrmann Ebbinghaus aus dem Jahr 1885 mit dem Titel *Über das Gedächtnis*. In diesem Buch gab es ausführliche Beschreibungen von den Experimenten, nach denen ich gesucht hatte. Ich kaufte das Buch sofort, eilte nach Hause und überprüfte meine Theorie anhand der experimentellen Ergebnisse. Was soll ich Ihnen sagen? Es gab nicht die geringste Übereinstimmung. Selbst meine raffiniertesten mathematischen Tricks stellten mich vor unüberbrückbare Hürden.

Dadurch war ich gezwungen, mich intensiver mit den Ebbinghausschen Experimenten, nach denen er seine berühmten "Vergessens-Kurven" angefertigt hatte, auseinanderzusetzen. Nach seiner Beschreibung gab er seinen Probanden eine Liste mit - sagen wir - 25 sinnlosen Silben ("tot", "mim", "wap" usw.), die auswendig gelernt werden mußten. An dem Tag, an dem sie alle Silben rezitieren konnten, nahm er ihnen die Liste weg, und registrierte Tag für Tag die Anzahl der Silben, an die sich die Probanden noch erinnern konnten. Seine berühmte Kurve besteht im wesentlichen aus einer graphischen Darstellung dieser Silbenmenge im Verhältnis zu den verstrichenen Tagen. Als ich mich mit diesem Testverfahren auseinandersetzte, kam mir der Gedanke, daß die erinnerten Silben sozusagen wiedererlernt werden, wenn sie rezitiert werden. Demzufolge belegen diese Experimente nicht den Prozeß des Vergessens als solchen. Vielmehr stellen sie eine Kombination aus Vergessen und Lernen dar, wobei wiedergewonnene Silben durch eine - wie wir heute sagen würden - Rückkoppelungsschleife verstärkt werden. Als ich diese Rekursion in meinen mathematischen Formalismus umsetzte, stellte ich zu meiner Freude fest, daß die theoretische Kurve mit den experimentellen Resultaten perfekt übereinstimmte. Für diese Theorie bedarf es nur zweier Parameter, einen, der sich auf den Prozeß des Vergessens bezieht, und einen anderen für die Lernbemühungen. Am meisten überraschte mich dabei, daß bei allen Probanden, die datenmäßig erfaßt waren, nur der Lernparameter von Person zu Person variierte. Der Vergessens-Parameter war bei allen Testpersonen gleich. Dies bestärkte mich darin, dieses Ergebnis als eine biologische Konstante zu interpretieren und nach einer molekularen Erklärung zu suchen. Tatsächlich konnte ich die Zeitkonstante des Vergessens mit der Zeitkonstante des Verfalls organischer Makromoleküle vergleichen, wenn sie von einem Quantenzustand zu einem anderen übergehen, das heißt, wenn eine Elementarinformation, die ein solches Molekül in einem erhöhten Quantenzustand besitzt, verloren geht, wenn es in einen niederen zurückfällt.

Als ich meinem Freund, dem Neuro-Psychiater Viktor Frankl, von meinen Beobachtungen berichtete, empfahl er mir mit Nachdruck, diese Gedanken zu publizieren, und er überredete seinen Verleger, Franz Deuticke, diesen Bericht zu drucken. Es entstand eine Broschüre mit dem Titel: "Das Gedächtnis: Eine quantenphysikalische Untersuchung".

Zirkuläre Kausalität

Die Anfänge einer Epistemologie der Verantwortung

Ich werde von einigen Teilen der Arbeit Warren McCullochs in Fragmenten reden, anstatt in einem Guß, da in jedem dieser Teile (oder sollte ich vielmehr "Monaden" sagen) er und seine Arbeit als ein Ganzes gesehen werden können.

Die Teile und der Zeitabschnitt, über die ich reden möchte, fallen auf das außerordentlich fruchtbare Jahrzehnt zwischen 1943 und 1953. Es ist die Dekade katalytischer Tagungen der New York Academy of Science, der Macy Foundation, des Hixon Symposions usw., der ausgezeichneten Beiträge von McCulloch zu einer Berechnung von Ideen, einer Heterarchie von Werten, wie wir etwas über Universalien wissen können usw. und, natürlich, der Publikation von Norbert Wieners *Cybernetics* im Jahre 1948, in der Mitte dieses Zeitabschnitts. Es ist das Jahrzehnt einer Konspiration, eines "Zusammen-Atmens" einer kongenialen Gruppe von neugierigen, furchtlosen, präzisen, geistreichen und pragmatischen Träumern, deren Gemeinsamkeit darin bestand, daß sie sich vom Mannigfaltigen leiten ließen. Ich bin fasziniert vom Strom der Konzepte und Einsichten, der erfundenen Relationen, der Wahrnehmungen, Gedanken und Ideen, der unbeantworteten und beantworteten Fragen, der sich aus diesen Menschen ergoß.

Sind wir Zeugen der Entwicklung eines neuen Paradigmas, eines Modells, einer neuen Sichtweise der Dinge aus einem anderen Blickwinkel? Nein! Worüber man damals sprach, war nicht ein Modell von "Etwas". Dinge aus einem anderen Blickwinkel zu sehen, erfordert "Dinge", aber die gab es nicht. Das Problem waren nicht Dinge, es war Sehen. Ich werde an dieser Stelle über Sehen reden.

Ich verließ Wien, um in die Vereinigten Staaten zu fahren, und kam im Februar 1949 mit der Queen Mary in New York an. Mein Gepäck war dürftig: ein kleiner Koffer, ein österreichischer Paß mit einem Besuchervisum für drei Monate, äußerst geringe Englischkenntnisse und zehn Exemplare einer kurzen Monographie über das Gedächtnis, die ich ein Jahr zuvor geschrieben hatte und alten Freunden schicken wollte, die ich schon mehr als 15 Jahre nicht gesehen hatte. Der Titel der Monographie war: *Das Gedächtnis: Eine quantenphysikalische Untersuchung.*

Zum Vorteil ihrer Zuhörer finden Weltenbummler die Vertraulichkeit häuslichen Lebens sogar bei ihrer Ankunft auf den entferntesten Planeten vor: alles ist wie zuhause, man spricht sogar dieselbe Sprache. Aber nicht, wenn man 1949 von Wien nach New York kommt - das sind zwei verschiedene Welten.

In den etwa vier Jahren zwischen den beiden großen Seuchen (Hitlers Invasion und Stalins Eroberung) und meiner Abreise hatte sich das Leben in Wien verbessert. Man mußte nicht mehr zum gegenseitigen Schutz in menschlichen "Geleitzügen" durch die Straßen laufen; vor den wenigen Krankenhäusern waren die langen Schlangen von Frauen, die mit vorgehaltener Waffe vergewaltigt wurden und nun auf Abtreibungen warteten, verschwunden; vorbei war die quälende Angst, von der Herz und Seele heimgesucht wurden, daß Freunde, die nicht pünktlich eintrafen, wie so viele andere spurlos verschwunden sind, obwohl sie sich vielleicht nur verspätet hatten. Verschwunden waren die riesigen Plakate, die überall zu sehen waren, als die westlichen Alliierten begannen, gemeinsam mit den Russen die Stadt Wien zu verwalten. Was waren das für Plakate? Überlebensgroße Photographien aus Konzentrationslagern: zerstückelte, ausgezehrte, nackte Körper, die auf einen Haufen geworfen waren; die Überschrift: "Dafür seid ihr verantwortlich."

Noch in der Nacht meiner Ankunft in New York wollte ich sofort die Stadt erkunden. Times Square, lichtüberflutet, Menschen strömen aus den Theatern, Restaurants, Bars, geschäftiges Treiben in den Läden, Autos zwängen sich durch überfüllte Straßen, Matrosen, Nerzmäntel, Bettler, Plakate hoch in der Luft. Was waren das für Plakate? Eine überlebensgroße Photographie vom Gesicht eines Mannes, eine Zigarette rauchend, aus echtem Rauch Ringe paffend. Die Überschrift: "Rauche Camels".

Die erste Antwort auf meinen Briefe war ein Telegramm aus Chicago, das mich drei Tage später erreichte: "Möchten mehr über Ihre Monographie wissen. Kommen Sie sofort." Es gab einen Nachtflug der Capital Airlines für $ 18,-, der kurz nach Mitternacht in New York startete und um sechs Uhr früh in Chicago ankam. Um neun Uhr war ich am Neuropsychiatrischen Institut der Medizinischen Fakultät der University of Illinois und lernte den Mann kennen, der mehr wissen wollte: groß, schlank, einen graumelierten Bart, ein einladendes Lächeln und welche Augen! Augen, die die griechische Vorstellung vom Augenlicht bestätigten. Es ist nicht das Licht, das in die

Augen fällt, sondern der Blick, der strahlenartig die Dinge, die er sieht, mit Freude berührt. So lernte ich Warren McCulloch kennen.

Wir vertieften uns sofort in meine Monographie; die Hypothesen, die Mathematik, die Resultate. Ich habe den Eindruck, daß wir die ganze Geschichte an Ort und Stelle erfunden haben. Jeder Schritt ist ein Abenteuer, jede Verständigung ein Fest. Meine geringen Sprachkenntnisse sind kein Hindernis (ich nehme das mit wachsendem Erstaunen wahr). An diesem Tag lernte ich zwei Dinge. Erstens: meine numerischen Schlußfolgerungen kamen der Hoffnung der Physiologen nahe, daß derartige Zahlen auf einige allgemeine Konzepte zurückgeführt werden könnten, Konzepte, deren Bedeutung mir seinerzeit nicht bekannt waren. Zweitens: daß diese Konzepte ("Rückkoppelung", "Geschlossenheit", "Zirkularität", "Zirkuläre Kausalität" usw.) *conditiones sine qua non* sind, die Samen, die Zellkerne für eine physiologische Theorie mentaler Aktivitäten. Darüber hinaus bat mich McCulloch, meine Geschichte drei Wochen später auf der "Macy-Tagung" vorzutragen und empfahl mir, sofort ein vor kurzem erschienenes Buch, Norbert Wieners *Kybernetik* [1] zu lesen.

Diese Tagung war *Die sechste Konferenz über zirkulärkausale und Rückkoppelungsmechanismen in biologischen und sozialen Systemen*, die am 24. und 25. März 1949 in New York abgehalten wurde. Gastgeber war die Josiah Macy Jr. Foundation, deren Hauptbeitrag zur medizinischen Forschung in ihrem Konferenz-Programm bestand. Ungefähr ein Dutzend kritischer Themen* wurden

---

* Leberschäden, Blutdruckregulierung, Biologische Antioxidantien,

von ungefähr zwei Dutzend Teilnehmern der verschiedensten Fächer und Disziplinen auf fünf jährlichen (oder auf halbjährlichen) Konferenzen für jeden Themenschwerpunkt diskutiert. Zu einer oder mehreren Tagungen wurden Gäste geladen.

Er mag zwar nicht das Wort "Interdisziplinarität" erfunden haben, aber das Konzept stammte von Frank Fremont-Smith, dem Konferenzprogrammdirektor der Stiftung. Er war ein geselliger elitärer Denker, der ein richtungsweisendes Gespür im Hinblick auf die medizinische Forschung hatte, indem er Leute mit neuen Ideen entdeckte und zusammenbrachte und ihnen die finanziellen Mittel und den organisatorischen Apparat seiner Stiftung für derartige Konferenzen zur Verfügung stellte.

McCulloch war der Vorsitzende der Konferenz, an der ich teilnahm, und ich wurde Teil eines Mythos. Ein unbedeutender Teil allerdings. Eine Art Aristodemos, der an einem Gastmahl teilnahm, das die Freunde Agathons zu seinen Ehren gegeben hatten - das sagenumwobene Symposion im Hause Agathons. Wie uns Platon erzählt, konnte sich Aristodemos nicht mehr genau erinnern, worüber gesprochen wurde, als er versuchte, Apollodoros über die Ereignisse dieser Nacht zu berichten. Demzufolge ist das, was wir heutzutage darüber wissen, ausschließlich Apollodoros zu verdanken, der jedoch zugibt, einiges hinzugedichtet zu haben, da ihn sein Gedächtnis verlassen hätte, als er diese Geschichte auf dem Weg

---

Säuglingsalter und Kindheit, Blutgerinnsel, Stoffwechselbeziehungen, Probleme des Alterns, Nebennierenrinde, Nierenfunktionen, Nervenimpulse, Bewußtseinsebenen, Bindegewebskrankheiten.

von Phaleron nach Athen an Glaukon weitergab. "Wann wurde dieses Gastmahl gefeiert?", fragt Glaukon, in der Annahme, daß es erst vor kurzem gewesen wäre. Aber das entspricht nicht den Tatsachen. Die meisten, die daran teilgenommen haben, leben nicht mehr.

Wie die frühen Vorläufer in Athen, bei deren Teilnehmern es sich um die Fühler und Former und die treibenden Kräfte eines integralen Verständnisses von Denken, Sprache und Aktion handelte (heute verstanden nur im engen Sinne der Kategorien "Philosophie", "Poesie", "Politik" usw.), versammelten die New Yorker Zusammenkünfte geistige Potenzen, die die Fühler, Former und treibenden Kräfte einer neuen Auffassung von Wissenschaft, eines neuen "wissenschaftlichen Paradigmas" waren [2], wie man das zwei Jahrzehnte später nannte.

Aber im Gegensatz zu dem Treffen im Hause Agathons gab es keine festgelegte Reihenfolge von Beiträgen, man konnte nie wissen, wer der nächste Redner ist und was er sagen würde. Stattdessen gab es einen lebhaften Dialog unter den Teilnehmern, die fragten, zuhörten, erzählten, klärten, zweifelten, argumentierten, ermahnten, unterstützten, Unwissenheit eingestanden, Hypothesen aufstellten, irrten und den größten Spaß daran hatten, den kontinuierlichen Fluß des Dialogs nicht verebben zu lassen. Anfangs war ich mir nicht ganz sicher, worüber sich all diese Leute unterhielten. Tatsächlich hatte ich den Eindruck, als ob es sich bei dieser Diskussion um ein Pingpongspiel handle, bei dem die zwanzig Teilnehmer mit einem einzigen Ball so schnell wie möglich spielten - jedoch nicht so schnell, daß der Ball nicht zurückgespielt werden konnte. Gewiß, mein Verständnis nahm auf diesen Tagungen zu; manchmal glaubte ich sogar zu wissen, worum es ging. Aber ich hatte das Gefühl, daß irgend etwas diese Gruppe immer weiter vorantrieb, etwas, das mir entging.

Anstand und Höflichkeit unterbrachen das Pingpongspiel, als man mich bat, über meine Theorie des Gedächtnisses zu berichten (eine Bitte, der ich mit einigem Gestotter nachkam). Anschließend wurde das Spiel sofort wiederaufgenommen. Anfangs diente meine Theorie als Ball, um später auf allgemeinere Aspekte des Wiedererkennens und Erinnerns überzugehen.

Als Gast war ich von der Geschäftssitzung dieses Abends ausgeschlossen. Als man mich jedoch wieder hineinbat, verkündete mir der Vorsitzende Warren McCulloch, daß man aufgrund meiner schlechten englischen Sprachkenntnisse bemüht sei, für mich eine Möglichkeit zu finden, wie ich mir diese Sprache schnell und gründlich aneignen könnte. Und, wie man mir sagte, hätte man eine Möglichkeit gefunden. Mir wurde aufgetragen, den Sitzungsbericht der Konferenz zu verfassen, der so schnell wie möglich herausgegeben werden sollte. Ich war völlig platt! Nachdem ich mich wieder gefaßt hatte, sagte ich, daß mir der Titel der Konferenz "Zirkulär-kausale und Rückkoppelungsmechanismen in biologischen und sozialen Systemen" zu schwerfällig erscheine, und ich mir überlegt hätte, ob diese Konferenz nicht einfach "Kybernetik" heißen und die gegenwärtige Bezeichnung als Untertitel benutzt werden könnte. Als dieser Vorschlag unmittelbar und einstimmig unter Gelächter und Applaus begrüßt wurde, verließ Norbert Wiener mit feuchten Augen den Raum, um seine Ergriffenheit zu verbergen.

Vier Wochen später erhielt ich einen acht Zentimeter dicken Stoß normierter grüner Seiten, das Transkript des stenotypierten Konferenzberichts, der von einer von mir vom ersten Moment an bestaunten Stenographin abgefaßt war. Zu Beginn der Konferenz hatte sie jeden Teilnehmer um den Namen und einige zusätzliche Worte gebeten, um die Stimmen identifizieren zu können. Währenddessen fixierte sie die Decke, und gab den Eindruck, als ob sie blind sei. Anschließend kennzeichnete sie jede Bemerkung, die während der gesamten Konferenz geäußert wurde, mit drei Initialen, die den Sprecher identifizierten, wobei ihr nicht ein einziger Fehler unterlief.

Als ich mich nun mit meinem eigenen Rhythmus durch das Transkript arbeitete, wurde mir klar, was sich unter der polierten Oberfläche des Dialogs befand, eines Dialogs, der offenbar von allen vorausgegangenen Dialogen poliert wurde, bis er, nach den Worten McCullochs, "die Glätte eines Eies von Brancusi" hatte; und ich bemühte mich, diese Form beizubehalten. Er sagte uns schließlich in seiner Zusammenfassung auf der letzten Macy-Konferenz: "Bevor ich jemandem das Wort erteile, muß ich auf Eure Gesichtsausdrücke achten und erraten, ob er zur Sache spricht oder nicht, und auf welcher Seite des Zauns er sich befindet. Vorsätzlich habe ich dem Unzufriedenen das Wort gegeben, denn er zweifelte oder widersprach, wenn vielleicht auch aus Unvernunft. Bevor ich Euch so gut kannte, half mir der Zufall; aber als wir mit der Zeit voneinander unsere Sprache lernten, sah ich, daß das wohl der beste Weg war, unseren Witz auf dem qui-vive zu halten."

Ich bemerkte, und es wurde mir auf den späteren Konferenzen immer klarer, daß bei der Diskussion von Themen von einer überraschenden Vielheit, wie, zum Beispiel, das "psychological moment"; das neurotische Potential; sensorische Prothesen; digitale Ansätze im zentralen Nervensystem; algorithmische Entfitzung von Irrgärten; Homöostase; mechanische Schachspieler, die ihre Konstrukteure schachmatt setzen; Lernprozesse in Polypen; das Wachsen riesiger Panzer bei Süßwasser-Krebsen; die Reduktion der Anzahl möglicher Boolescher Funktionen; nukleozytoplasmische Rückkoppelungssysteme in Paramecium Aurelia; Maßeinheiten semantischer Information; Kommunikation zwischen Tieren; über Humor; über Lernprozesse bei Wespen und Ameisen; über Narkolepsie und Hypnose; über Kummer, Gelächter, zirkulare Kausalität und über noch viel mehr - langsam aber sicher eine Tür geöffnet wurde, um jemanden einzulassen, der durch die orthodoxe Wissenschaft von all diesen Untersuchungen ausgeschlossen war: den Forscher, den Beobachter, mich, der nun fragt: "Wer bin ich?"

"Aber zwingen wir unseren Physiker, von sich selbst Rechenschaft abzulegen...", empfiehlt McCulloch in einem seiner Einleitungsparagraphen zu *Why the Mind is in the Head* (Weshalb Verstand im Kopf ist); und er fährt fort:

> Gerechterweise muß er seinen eigenen Gesetzen treu bleiben und mit den Begriffen Masse, Energie, Raum und Zeit nachweisen, wie er theoretische Physik begründet. Er ... wird gezwungen sein, darauf zu antworten, ob er theoretische Physik in einem Rahmen der Neurophysiologie diskutieren kann. Antwortet er "Nein", bleibt er un-

befleckt ein Physiker. Antwortet er "Ja", wird er ein Metaphysiker - oder etwas ähnliches, wie man mir sagt.

Diesen sehr anspruchsvollen Vortrag hielt McCulloch vor den Teilnehmern des Hixon Symposions [4], einer kleinen Gruppe namhafter Neurophysiologen, Psychiater und Experimentalpsychologen um den Mathematiker John von Neumann, dem "inside outsider". Die meisten Teilnehmer kannten die bahnbrechende Abhandlung von McCulloch und Pitts, oder hatten davon bereits gehört: *A Logical Calculus of the Ideas Immanent in Nervous Activity*, die fünf Jahre vorher erschienen war, und die andere, die ein Jahr zuvor erschien: *How We Know Universals: The Perception of Auditory and Visual Form*. In der Tat, in seinem Eröffnungsvortrag rekapituliert von Neumann die wesentlichen Punkte des McCulloch-Pitts-Papiers über einen logischen Kalkül von Ideen. Er widmet ein ganzes Kapitel den "formalen neuralen Netzen" und, wie er sagte, "den bemerkenswerten Theoremen von McCulloch und Pitts über den Zusammenhang von Logik und Nervennetzen".

Segelnd mit dem günstigen Wind dieser Einleitung, entwirft McCulloch, der von Neumann folgt, ein grandioses Panorama der Evolution dieser Ideen, indem er aufs neue die Fäden dieses erstaunlichen Gobelins zusammenwebt, so daß die inneren Bezüge zwischen Logik, der funktionellen Organisation des Zentralnervensystems, zwischen Errechnen, Wahrnehmen, Erkenntnis, Wille und Bewußtsein, und schließlich die Grenzen von Gebautem und dem Potential von Gezeugtem offenbar werden.

Dieser Eindruck entsteht, wenn man das Muster auf der Vorderseite des Gobelins betrachtet. Überprüft man jedoch deren Verknüpfungen auf der Rückseite, wird einem klar, daß McCulloch sich auf die Seite der Physiker geschlagen hat, die auf die Bitte, ihre Physik neurophysiologisch zu begründen, d.h. über sich selbst Rechenschaft abzulegen, mit einem "Ja" antworten. War dies also ein Essay über Metaphysik? Im orthodoxen Sinne ganz gewiß nicht. Es war die Entwicklung der kontextuellen Struktur, innerhalb der über Reflexion gesprochen werden kann; d.h. sich selbst durch sich selbst zu sehen; d.h. sich selbst zu verursachen: die kürzeste Kausalitätsschleife. Das Wissen seines Wissens, eine Epistemologie dessen, *woher* wir wissen, nicht *was* wir wissen. Eine experimentelle Epistemologie.

Nicht Metaphysik, sondern Epistemologie lag diesem Vortrag zugrunde. Jedoch, Metaphysik und nicht Epistemologie war es, was einige Teilnehmer zu hören glaubten, und sie äußerten ihr Mißfallen: "Dr. McCullochs Erklärung führt mehr ad hoc Annahmen ein, als daß sie mit den üblichen Standards der Plausibilität verträglich erscheinen" [4]. Man führte eine Generaldebatte, die (im Transkript) viermal so lang war wie der Vortrag. Fragen wurden gestellt, deren Antworten noch mehr Fragen aufwarfen, bis Hank Brosin, ein sachkundiger Vorsitzender von liebenswürdiger Weisheit, McCulloch das Wort erteilte, um auf diese Fragen zu antworten.

Die Erwiderung war ungefähr halb so lang wie der vorherige offizielle Beitrag. Die Erwiderung war ohne Titel. Wenn sie jedoch einen gehabt hätte, so hätte er bestimmt *Why I Mind What's in the Head* (Weshalb ich verstehen möchte, was im Kopf ist) geheißen, denn hierbei erklärte er uns, was ihn veranlaßte, die Dinge so zu sehen, wie er sie sieht. Er eröffnete seine Antwort mit einer Mahnung:

"Wie Sie sich erinnern, habe ich vorgeschlagen, den theoretischen Physiker zu bitten, Rechenschaft über sich selbst abzulegen...", und dann erzählte er uns, wie er, Warren McCulloch, Rechenschaft über sich selbst ablegt. "Ich glaube...", "Ich denke...", "Ich denke nicht...", "Ich würde versuchen...", "Ich bin sicher..." usw., indem er mehr als einhundertmal auf sich selbst verwies, während er in seinem offiziellen Beitrag sich nur zweimal erwähnte, einschließlich dieses letzten Satzes: "Ideale zu schaffen, neue und ewige, in und von der Welt, alte und vergängliche, ist eine Aufgabe, die Roboter nicht leisten können. *Dafür hat mich meine Mutter zur Welt gebracht.* "

Ich weiß nicht, wann Warren McCulloch Frank Fremont-Smith kennenlernte. Es mag vielleicht 1942 gewesen sein, als McCulloch an einer von der Macy Foundation veranstalteten Konferenz über zentrale Hemmungen im Nervensystem teilnahm. In seinem im wesentlichen historischen Einleitungskapitel zu seinem Buch Kybernetik, schreibt Norbert Wiener, daß er mit Julian Bigelow und Arturo Rosenblueth auf dieser Tagung einen Entwurf verteilt habe, auf den ihr späterer, fruchtbarer Bericht *Behavior, Purpose and Teleology* [3] aufbaute, der im folgenden Jahr veröffentlicht wurde, demselben Jahr, in dem McCullochs und Pitts Kalkül von Ideen erschienen ist. Bald darauf trat John von Neumann dieser Gruppe bei und organisierte Anfang 1944 eine Tagung*, auf der "Ingenieure, Physiologen und Mathematiker vertreten waren" [1]. "Allerdings", fährt Wiener fort, "haben Dr. McCulloch

---

* Die "Princeton-Tagung" über Regulierung.

und Dr. Fremont-Smith mit Recht die psychologischen und soziologischen Implikationen dieses Themas zur Sprache gebracht und haben eine Anzahl führender Psychologen, Soziologen und Anthropologen in die Gruppe aufgenommen".

Dies war der Auftakt zu den zehn Macy-Konferenzen (1946-1953). Von den ersten fünf gibt es leider keine Aufzeichnungen, nicht einmal in den Akten der Stiftung; und die publizierten Geschäftsberichte der letzten fünf Tagungen [5, 6] sind schon lange vergriffen. Sie sind zu einer "mündlichen Überlieferung", einem Mythos geworden. Ergänzend zu den Macy-Tagungen waren zwei dazwischengeschobene andere Konferenzen, die wahrscheinlich durch die der Macy-Tagungen angeregt wurden. Die eine war das o.g. Hixon-Symposion [4], und die andere war die Konferenz über Teleologische Mechanismen, die von der New Yorker Akademie der Wissenschaften mit ihren Sprechern Norbert Wiener, Evelyn Hutchinson, W.K. Livingston und Warren McCulloch gefördert wurden. In den Annalen der Akademie [7] ist ihren Berichten ein Vorwort von Lawrence K. Frank beigefügt. Die ersten Zeilen dieses mehr als dreißig Jahre alten Vorworts liefern, so verblüffend sie auch sein mögen, den historischen Kontext: "Der Name dieser Konferenz, Teleologische Mechanismen, mag einigen, die das erste Mal damit konfrontiert werden, etwas verwirrend oder schwer verständlich erschienen."

Es war zu erwarten, daß Norbert Wiener den Titel dieser Konferenz als zentrales Thema in seiner Eröffnungsrede behandeln würde. Aber Telos, Ziel, Zweck erscheint nur am Rande seines Berichts *Time, Communication, and the Nervous System*. Im wesentlichen sollte eine Verbindung zwischen dem unumkehrbaren Fluß von Ereignissen in der statistischen Thermodynamik mit dem unumkehrbaren Fluß der Ereignisse in der Kommunikation nachgewiesen werden. Es sollte ein Eckpfeiler in der Entwicklung dessen werden, was heutzutage "Informationstheorie" [8] genannt wird.

Die anderen Redner befanden sich jedoch im Einklang mit dem Thema der Konferenz: *Circular Causal Systems in Ecology* (Hutchinson); *The Vicious Circle in Causalgia* (Livingston); und schließlich formulierte Warren McCulloch die zentralen Fragen einer Teleologie des zwanzigsten Jahrhunderts: "Welche Charakteristika einer Maschine sind für ihr *Telos*, ihren Zweck, ihr Ziel verantwortlich? Und welche Charakteristika einer Maschine definieren ihren Zweck, ihr Ziel oder ihr *Telos*?"

In diesem Vortrag, wie bei zwei weiteren Gelegenheiten, skizziert McCulloch einen historischen Ausblick auf das Schicksal der 4. aristotelischen Kategorie des Grundes, der *causa finalis*, der Endursache, des Sukkubus des Begriffs *Telos* und dessen Bedeutung von den voraristotelischen Zeiten bis zur Gegenwart. Im Gegensatz zu einem Wissenschaftshistoriker, der schreiben würde, "Ptolemäus glaubte..., aber wir wissen...", sagt Warren McCulloch, der Wissenschaftler, der sich in die Vergangenheit versetzt, "Ptolemäus wußte..., aber wir glauben...".

Die beiden anderen Gelegenheiten solcher Rückblicke sind McCullochs Berichte über die letzte Macy-Konferenz und seine Verabschiedung von allen Teilnehmern, womit der Zyklus dieser äußerst anregenden und konstruktiven Konferenzen beendet war. Er gab diesem Bericht den Titel: *Summary of the Points of Agreement Reached in the Previous Nine Conferences on Cybernetics* (Zusammenfassung der Punkte, über die in den vorherigen neun Konferenzen über Kybernetik Übereinstimmung herrschte).

Im Chor mit denjenigen, die zum Schluß ihrer Bemühungen wußten, daß sie wußten, und zuließen, daß diese Vision ihre Einsicht mit Melancholie umwölkte: "Wovon man nicht sprechen kann, darüber muß man schweigen" (der letzte Satz in Wittgensteins *Tractatus* [9]), verlieh McCulloch seinem Verantwortungsbewußtsein mit der Besorgnis Ausdruck, daß die erfolgreichen und zelebrierten Geisteskinder dieser Gruppe Mißgeburten wären. Seine letzten Abschiedsworte waren: "Ich hoffe, daß wir am Ende dieser Sitzung darin übereinstimmen, mit den Begriffen 'Informationsquantität' und 'Negentropie' sehr sparsam umzugehen."

Zweifellos hat Warren McCulloch, der experimentelle Epistemologe, geahnt, daß seine Warnungen unbeachtet bleiben würden, wie man dem Resultat eines seiner von ihm erfundenen Experimente entnehmen kann:

> Vor zehn Jahren versuchte ich ein Experiment. Damals fand eine Tagung der American Psychiatric Association in Detroit statt. Ich war seinerzeit vom Lear-Komplex fasziniert, mit dem sich eine Wiener Abhandlung über das Drama "König Lear" auseinandersetzte und nachwies, daß Frau Lear die allerwichtigste Person ist, weil sie nicht ein einziges Mal erwähnt wird. Mein Experiment war folgendermaßen: Im Hotel in Detroit gab es einen sehr großen schönen Bären. Dr. Frank Fremont-Smith und Dr. Molly Harrower freundeten sich mit diesem Bären an, und führten ihn überall im Hotel vor. Durch sie bin ich auf die netteste aller Abenteuergeschichten, die ich je erfun-

den habe, gekommen. Die Geschichte verläuft folgendermaßen: Sie brachten den Bären in den Konferenzraum. Ein Psychiater nach dem andern fixierte den Bären, der in ihrer Mitte saß, und warf dann seinen Kopf nach vorn. Man konnte bis zehn zählen, und jeder von ihnen warf, nach einem zweiten Blick, seinen Kopf nach vorn. Nach einigen Jahren fragte ich Dr. Fremont-Smith und Dr. Harrower, ob irgendein Psychiater erwähnt hätte, einen Bären auf der Tagung gesehen zu haben. Sie sagten: "Nein".

Ich habe diese Geschichte bei jeder Zusammenkunft von Psychiatern erzählt und werde das auch weiterhin tun. Mein vielgeschätzter Freund, Dr. Alexander Forbes, hörte sich meine Geschichte an, wandte sich sofort an Dr. Harrower und fragte: "Haben Sie wirklich einen Bären auf der Tagung gehabt?" Sie antwortete: "Nein".

Literatur

[1] Wiener, Norbert: *Kybernetik. Regelung und Nachrichtenübertragung in Lebewesen und Maschinen*, Reinbek, 1969.

[2] Kuhn, Thomas Samuel: *Die Struktur wissenschaftlicher Revolutionen*, Frankfurt a.M., 1973.

[3] Rosenblueth, A., N. Wiener and J. Bigelow: "Behavior, Purpose and Teleology", *Philosophy of Science*, *10*, 18-24, 1943.

[4] Jeffress, L.A. (ed): *Cerebral Mechanisms in Behavior* (The Hixon Symposium); John Wiley & Sons, New York, 1951.

[5] Von Foerster, H. (ed): *Cybernetics. Circular Causal and Feedback Mechanisms in Biological and Social Systems* (Transactions of the Sixth Conference) The Josiah Macy Jr. Foundation, New York, 1950.

[6] Von Foerster, H., M. Mead and H. Teuber (eds): *Cybernetics. Circular Causal and Feedback Mechanisms in Biological and Social Systems* (Transactions of the Seventh, Eighth, Ninth and Tenth Conferences). The Josiah Macy Jr. Foundation (1951, 1952, 1953, 1955).

[7] Miner, R.W. (ed): "Teleological Mechanisms", *An. New York Academy of Science*, *50* (4) 198-278, 1948.

[8] Shannon, C. and W. Weaver: *Mathematische Grundlagen der Informationstheorie*, München/Wien, 1976.

[9] Wittgenstein, L.: *Tractatus logico-philosophicus*, Suhrkamp, Frankfurt a.M., 1969.

Lethologie*

Eine Theorie des Lernens und Wissens angesichts von Unbestimmbarkeiten, Unentscheidbarkeiten, Unwißbarkeiten

Zuerst möchte ich mich bei den Verantwortlichen des Comprensorio di Primiero, den Gastgebern und Organisatoren dieses Symposions über *Kognition als Erziehung* bedanken, die uns die einmalige Gelegenheit boten, uns nicht nur über die vielen Perspektiven des Lernens und Wissens zu informieren, sondern auch alte Freunde und Kollegen aus allen Teilen der Welt zu treffen und neue Freundschaften hier an diesem herrlichen Ort schließen zu können.

Mich hat der Mut der Organisatoren, zu diesem Symposion über Ausbildung auch Amerikaner, nämlich meine Kollegen und mich, einzuladen, zutiefst beeindruckt, obwohl allgemein bekannt ist, daß die USA über eines der schlechtesten Ausbildungssysteme der westlichen Welt verfügen.

In diesem Zusammenhang möchte ich einige Sätze aus dem Rechenschaftsbericht der Curriculum Commission am California State Board of Education vom Mai 1989 zitieren:[1]

"... 1983 wurde in *A Nation at Risk* bekanntgegeben, daß die amerikanische Ausbildung einer 'wachsenden Flut von Mittelmäßigkeit' zum Opfer gefallen ist. Die Kom-

---

* Vortrag, gehalten auf dem Internationalen Seminar *Conoscenza come educazione* in San Martino di Castrozza am 26. April 1990

mission zur voruniversitären Ausbildung in Mathematik, Wissenschaft und Technologie des National Science Board hat bestätigt, daß insbesondere die Situation im Bereich der wissenschaftlichen Ausbildung zu kritisieren sei, und daß Erhebungen jüngeren Datums ergeben hätten, daß die amerikanischen Studenten im Verhältnis zu ihren internationalen Zeitgenossen im Wissenschaftsverständnis an letzter Stelle rangieren. 1988 hat das National Assessment of Educational Progress des Educational Testing Service *The Science Report Card* herausgegeben und darauf hingewiesen, daß zwar die Reaktionen seit 1983 zu einigen Verbesserungen geführt hätten, jedoch 'die Durchschnittsleistung in den Wissenschaften in allen Schulklassen (immer noch) besorgniserregend schlecht' sei."

Vielleicht wurden wir eingeladen, um herauszufinden, wie ein Ausbildungssystem *nicht* aufgebaut sein sollte. Warum zeitigt die amerikanische Ausbildung derart schlechte Resultate?

Als erstes sollte auf die immensen Schwierigkeiten hingewiesen werden, in einer pluralistischen Gesellschaft mit einer Bevölkerung unterschiedlichster kultureller Herkunft, aus Europa, Afrika und Latein-Amerika, eine adäquate Ausbildungsstrategie zu entwickeln.

Darüber hinaus lassen sich, berechtigter- oder unberechtigterweise, viele andere Gründe anführen, um das Versagen des amerikanischen Schulsystems zu erklären: Überbetonung sportlicher Leistungen; überforderte und unterbezahlte Lehrer; Gestaltung von Lehrinhalten und Didaktik durch lokale Ausbildungsgremien; Politisierung der Lehrbücher usw. usf.

Obwohl all dies zu den erschreckenden Ergebnissen beitragen mag, bin ich der Ansicht, daß das ganze Dilemma aus der Bevorzugung einer Epistemologie, einer Wissenschaftstheorie resultiert, die die kognitiven Prozesse von Entzücken, Faszination, Enthusiasmus, Neugierde usw., die Voraussetzung des Lernens und Verstehens sind, kontraproduktiv, ja hemmend beeinflußt.

Zur Verdeutlichung möchte ich nochmals auf den schon von mir erwähnten Bericht des California State Board of Education zurückgreifen. Auf seinen fast 200 Seiten steht kein einziger Satz darüber, wie Studenten lernen, was in den Köpfen der Lernenden stattfindet und worum es bei dieser gigantischen Maschinerie, genannt "Schule", überhaupt geht.

Und in der Tat, was ist Lernen wirklich?

Wenn diese Frage im akademischen Kontext, d.h. im Fachbereich der Psychologen oder der Pädagogen gestellt wird, erhalten wir viele Antworten. Wenn jedoch diese Frage in einem operativen Kontext gestellt wird, erhalten wir überhaupt keine Antwort: wir haben nicht die geringsten Vorstellungen darüber, was in uns vorgeht, wenn wir sagen, wir hätten etwas gelernt.

Ich will damit sagen, daß wir ungefähr seit unserem zweiten Lebensjahr laufen, sprechen und gesellig sind, obwohl wir weder Kurse in unserer Muttersprache noch in der Kunst der Fortbewegung belegt haben. Für diese Fähigkeiten hat es niemals einen Lehrplan gegeben, und wir wissen nicht, wie wir sie erworben haben.

Die denotative Schule des Spracherwerbs wird behaupten, daß wir sehr gut darüber informiert sind, wie wir sprechen lernen, und zwar indem wir diejenigen imitieren, die mit dem Finger auf etwas deuten und dazu das entsprechende Geräusch machen. Aber ich habe von der Anthropologin Margaret Mead gelernt, der es nicht schwerfiel, sich die Umgangssprache vieler verschiedener Stämme, mit denen sie gearbeitet hat, anzueignen, daß dies keineswegs den Tatsachen entspricht. Sie benutzte einmal diese Methode, indem sie mit dem Finger auf verschiedene Sachen zeigte, um deren Namen zu erfahren. Zu ihrem Entsetzen erhielt sie immer die gleiche Antwort: "chu mulu". Anfangs glaubte sie, daß diese Leute eine sehr primitive Sprache besäßen, bis sie herausfand, daß "chu mulu" "mit dem Finger zeigen" bedeutet.

Die Schule Noam Chomskys wird behaupten, daß wir über das Erlernen von Sprache sehr gut informiert sind, und zwar durch Aktivierung eines "Sprachorgans", das sich in unserem Körper entwickelt hat. Demzufolge würde ich vorschlagen, von einem "mathematischen Organ" zu sprechen, um unsere mathematischen Fähigkeiten zu erklären, vielleicht mit besonderen Organellen für die Addition, Substraktion und Multiplikation.

Diese und ähnliche Gedanken fallen unter die Kategorie der "Erklärungsprinzipien", eine Kategorie, die von Gregory Bateson erfunden wurde, um die "Was ist ...?"-Fragen seiner Tochter zu beantworten.[2] Als sie fragte: "Pappi, was ist ein Instinkt?", antwortete er: "Ein Instinkt, meine Liebe, ist ein Erklärungsprinzip." Und als sie wissen wollte, was es erkläre, sagte er: "Alles - fast alles überhaupt. Alles was man damit erklären will." Als sie dagegen einwandte, daß es nicht die Schwerkraft erklären könne, entgegnete Bateson schlagfertig: "Das geschieht aber nur deshalb, weil niemand will, daß 'Instinkt' die Schwerkraft erklärt. Wollte man es, dann würde er auch das erklären. Wir könnten einfach sagen, daß der Mond einen Instinkt hat, dessen Stärke sich umgekehrt proportional zum Quadrat der Entfernung verändert..." "Aber das ist Unsinn", unterbricht sie ihn. Worauf er entgegnet: "Aber du hast doch mit 'Instinkt' angefangen, nicht ich."

Ich überlasse es Ihnen, diesen charmanten "Metalogen", wie sie Bateson nannte, nachzugehen; mir geht es in diesem Fall darum, ihre Aufmerksamkeit auf derartige Forschungs-Notbehelfe zu lenken, von denen es, neben "Sprachorganen", "Instinkten" viele andere, wie z.B. "Triebe", "Geist", "Gedächtnis"[3] usw. gibt. Sie sind immer dann sehr nützlich, wenn wir nicht wissen, was vor sich geht.

Mit dem folgenden Beispiel möchte ich Sie jedoch bitten, mir bis zum Rand des Abgrunds unserer grundsätzlichen Unwissenheit zu folgen und staunend mit mir vor der Unermeßlichkeit dieser gähnenden Leere zu stehen.

Ich entnehme dieses Beispiel einem Buch des Psychiaters Oliver Sacks, *The Man Who Mistook His Wife for a Hat*.[4] Von den vielen Fällen über das erstaunliche Funktionieren eines "dysfunktionalen" Verstands hat mich sein Bericht über ein Zwillingspaar, das er einst in einem staatlichen Krankenhaus kennengelernt hatte, fasziniert. Diese Zwillinge, John und Michael, waren verschiedentlich als autistisch, psychotisch oder extrem retardiert diagnostiziert worden. Und so beschreibt er sie: "Auf den ersten Blick sind sie unattraktiv, fast wie Tweedledum und Tweedledee, ununterscheidbar, Spiegelbilder, haben identische Gesichter, Körperbewegungen, Persönlichkeiten, identischen Verstand, und sogar identische Gehirnstigmata und Gewebeschäden. Sie sind klein, Kopf und Hände sind stark disproportioniert, ihre Gaumen und Füße sind stark gewölbt, haben monoton quiekende Stimmen, diverse eigenartige Ticks und Gebärden, leiden unter extremer Kurzsichtigkeit und tragen aus diesem Grund derartig starke Brillen, daß ihre Augen völlig verzerrt sind und dadurch den Anschein erwecken, als ob sie kleine schrullige Professoren wären, die in deplazierter, obsessiver, kauziger Konzentration umherblicken und herumfuchteln."

Als er sie kennenlernte, ging ihnen schon der Ruf voraus, daß sie ein bemerkenswertes "dokumentarisches" Gedächtnis hätten, das ihnen z.B. ermöglichte, auf der Stelle sagen zu können, auf welchen Wochentag ein bestimmtes Datum in weit entfernter Vergangenheit oder Zukunft fallen würde.

Er dachte jedoch nicht mehr an sie, bis er ihnen ein weiteres Mal begegnete, und er schreibt: "Ich hatte sie vergessen, bis ich ein zweites Mal rein zufällig in einer spontanen, magischen Situation auf sie aufmerksam wurde."

"Das zweite Mal saßen sie gemeinsam in einer Ecke mit einem mysteriösen, geheimnisvollen Lächeln auf dem Gesicht, einem Lächeln, das ich nie zuvor gesehen hatte. Scheinbar erfreuten sie sich ihres momentanen Glücks und Friedens. Langsam schlich ich mich an sie heran, um sie nicht zu stören. Anscheinend waren sie in eine völlig hermetische, vertraute Unterhaltung über Zahlen vertieft. John nannte eine Zahl, eine sechsstellige Zahl. Michael nahm die Zahl auf, nickte, lächelte und schien daran Gefallen zu finden. Anschließend sagte er eine sechsstellige Zahl, woraufhin nun John diese Zahl mit höchster Anerkennung aufnahm. Anfangs vermittelten sie den Eindruck zweier Weinkenner, die einen Tropfen kosten und seltene Kostproben gemeinsam genießen. Ohne von ihnen gesehen zu werden, verhielt ich mich ganz still. Ich war fasziniert und verwirrt."

"*Was* taten sie? Was in aller Welt geschah hier?", fragte sich Oliver Sacks. Da er jedoch nicht nur Psychiater, sondern auch ein Zahlen-Enthusiast ist, hatte er zumindest einen Anhaltspunkt: während die Zwillinge mit dem Zahlenspiel fortfuhren, schrieb er sich die Zahlen auf und verglich sie später zuhause anhand eines Buches, in dem alle Primzahlen bis zu neunstelligen aufgelistet waren. Primzahlen, diese eigenartigen Inseln, die in einem unendlichen Zahlenmeer schwimmen und durch keine ganze Zahl, außer durch sich selbst oder durch eins geteilt werden können. Zu seinem Erstaunen bestätigte sich seine Vermutung: *alle* sechsstelligen Zahlen, die die Zwillinge austauschten, waren Primzahlen! Dies ermutigte ihn, sich am nächsten Tag zu ihnen zu setzen. Ausgerüstet mit seinem Primzahlenbuch, präsentierte er ihnen eine achtstellige Primzahl: "Beide schauten mich an, wurden plötzlich still. Ihr Blick verriet äußerste Konzentration, ihr Gesichtsausdruck war irgendwie voller Erstaunen. Es folgte eine lange Phase von Sprachlosigkeit - die längste, die ich je bei ihnen beobachtet hatte, mindestens eine halbe Minute oder länger - und dann plötzlich verzog sich ihr Mund ganz simultan und sie begannen, gleichzeitig zu lächeln."

Nun spielten alle drei das Spiel mit den Primzahlen, die immer höher wurden, bis die Zwillinge Stellenwerte erreichten, die nicht mehr im Buch enthalten waren. Als sie bis zu zwanzigstelligen Zahlen avancierten, konnte Oliver

Sacks nur noch völlig perplex danebensitzen, ein unergründliches Primzahlen-Ping-Pongspiel beobachten und über das Unergründliche meditieren.

Dieses Beispiel lehrte mich zumindest eins, und zwar, daß wir im allgemeinen unsere eigenen wunderbaren Fähigkeiten nicht wahrnehmen, wenn sie am Werk sind. Dagegen sind wir überrascht, wenn sie nicht wie gewöhnlich funktionieren und sich in anderen Formen manifestieren. Da es nicht den geringsten Anhaltspunkt gibt, wie das änigmatische Verhalten der Zwillinge zu fassen sei, wage ich die Behauptung, daß wir uns in der gleichen Situation befinden, wenn wir uns selber begreifen wollen.

Im Hinblick auf dieses Rätsel, im Hinblick auf unsere Unwissenheit und, paradoxer Weise, im Hinblick auf unser Gefühl zu wissen, dachte ich an eine Epistemologie, eine Theorie des Wissens, die eingedenk der Unergründlichkeit unseres Unwissens bleibt, eine Spitze-des-Eisbergs-Epistemologie, die sich ihres schwebenden Zustands bewußt ist.

Vielleicht mag man dies als eine Entwicklung hin zu einem Kalkül von Unwißbarem oder einer Theorie des Nicht-Wissens bezeichnen. Mich stört dabei jedoch der negative Beigeschmack, der durch die Vorsilbe "un-" mitschwingt. Demzufolge suchte ich nach einem Wort, das den Mangel einer Fähigkeit auf eine positive Weise ausdrückt, wie Blindheit für "Nicht-Sehen" oder Taubheit für "Nicht-Hören".

Ich konnte weder im Griechischen noch im Lateinischen finden, wonach ich suchte, und wollte schon meinen Suche aufgeben, als ich mich daran erinnerte, daß das Wort "Wahrheit", dem heutzutage von vielen eine positive Bedeutung zugemessen wird, im alten Griechenland eine negative Konnotation hatte: "Aletheia", oder "das, was *nicht* verborgen ist", mit der Vorsilbe "a" für "nicht" und "letheia" von "lanthano", "verbergen" oder "verdunkeln". Wie Sie sich erinnern, durchquert man den Fluß Lethe, um ins Elysium zu gelangen und verliert dabei das Gedächtnis. Bei der Durchquerung des Acheron werden dagegen alle Erinnerungen reaktiviert, bevor man den Hades betritt, so daß man bis in alle Ewigkeit von ihnen verfolgt wird.

Demzufolge bietet sich Lethe ganz natürlich von selbst an, um das Kalkül des Unwißbaren als "Lethologie" zu bezeichnen, und ich werde dieses Kalkül als exakte Grundlage für eine Diskussion der von mir o.g. Probleme benützen.

Dieses Unwißbare enthält zwei Komponenten: 1. Unbestimmbarkeiten und 2. Unentscheidbarkeiten; demzufolge werde ich in den folgenden zwei Punkten auf diese beiden Komponenten eingehen:

1. Wie geht man mit Systemen um, die prinzipiell unbestimmbar sind;

und

2. Wie sind Fragen zu beantworten, die prinzipiell unentscheidbar sind?

1. Unbestimmbarkeiten

"Kausalität bestimmt den Fluß der Ereignisse im Universum" ist einer der zentralen Glaubenssätze in unserer westlichen Kultur. Man glaubt, die Welt zu verstehen, wenn man die Gesetze der Natur versteht: deshalb sind wir bestrebt, diese Gesetze zu ermitteln.

Obwohl die Skeptiker zweieinhalb Jahrtausende gegen diesen Glaubenssatz zu Felde zogen, möchte ich einige Argumente aufgreifen, die in die gleiche Richtung zielen und erst in den letzten fünfzig Jahren von Logikern und Mathematikern entwickelt wurden, die sich mit den grundlegenden Prinzipien, Funktionen und Operationen von Systemen im allgemeinen beschäftigten, denn die Resultate dieser Studien stehen in einem direkten Zusammenhang mit der Thematik unseres Symposions, und zwar im Hinblick auf Wahrnehmung, Unterricht und Lernen.

Obwohl ich mich mit den theoretischen Aspekten dieser Begriffe auseinandersetzen werde, besteht keine Notwendigkeit, sich auf die logisch-mathematische Akrobatik einzulassen, die für den Uneingeweihten schwer verständlich wäre. Dank eines eleganten intellektuellen Kunstgriffs, der von dem britischen Mathematiker Alan Turing[5] erfunden wurde, können wir all diese beschwerlichen Ableitungen, Deduktionen, Folgerungen usw. einer (konzeptuellen) "Maschine" überlassen, uns bequem zurücklehnen und beobachten, wie die Maschine Antworten zu unserer Erleuchtung und Erbauung produziert.

Eine "Maschine" ist in diesem Zusammenhang eine Anordung von Regeln und Gesetzen, durch die gewisse Tatbestände in andere transformiert werden. Für unser Thema reicht es aus, zwei Arten dieser Maschinen zu unterscheiden: eine, die im allgemeinen als "triviale Maschine" firmiert, arbeitet nach nur einer festgesetzten Regel, die getreulich gewisse Tatbestände in andere überführt;

die andere, die "nicht-triviale Maschine", hat jedoch Regeln, die die soeben beschriebenen, tatbestandsändernden Regeln selbst wieder ändern: eine Maschine in einer Maschine, sozusagen eine "Maschine zweiter Ordnung".

Um diese Begriffe zu verdeutlichen, möchte ich erst einmal eine typische triviale Maschine konstruieren, deren "Tatbestände" einzig und allein von den ersten vier Buchstaben des Alphabets A, B, C, D repräsentiert werden, und deren "Transformationsregel" darin besteht, jeden Tatbestand (Buchstabe) mit einem der gegenläufigen Sequenz D, C, B, A (anagrammatisch) zu assoziieren. Wenn man z.B. diesem "Anagrammer" ein "B" anbietet, wird er mit einem "C" antworten, und wird - mutatis mutandis - diese Operationen bis in alle Ewigkeit fortsetzen.

Ihnen dürfte sofort klar werden, daß die Trivial-Maschine eine zentrale Stütze des westlichen Denkens ist.[6] Betrachten Sie z.B. das Mini-Universum der vorherigen vier Buchstaben im Zusammenhang mit der anagrammatischen Transformationsregel als Metapher für ein Universum mit vier Tatbeständen und der Transformationsregel als dessen Naturgesetz. In diesem Fall würde mit A, B, C, D als Ursachen und D, C, B, A als Wirkungen der Fluß der Ereignisse dieses Universums durch Kausalität bestimmt; oder betrachten wir die Transformationsregel als Eigenschaft eines Organismus, dann würden bestimmte Reize entsprechende Reaktionen hervorrufen; oder betrachten wir den Charakter einer Person als eine Transformationsregel, dann würden ihre Motive die korrespondierenden Handlungen nach sich ziehen; oder in der Computer-Wissenschaft, in der die Transformationsregel das Programm darstellt, das bei gegebenen Inputs die entsprechenden Outputs errechnet.

Die zugrundeliegende triadische Struktur all dieser Beispiele beruht auf logischen Syllogismen und deren zwei Veraussetzungen mit ihren unausweichlichen Schlußfolgerungen. Diese Struktur ist ebenfalls durch die Wörter "weil", "um zu" und "damit" in unsere Sprache eingebettet, wobei im allgemeinen stillschweigend auf eine unveränderliche Regel verwiesen wird. Erinnern Sie sich jedoch, als ich mit meinen "Anagrammen" eine besondere Transformationsregel, ein Naturgesetz vorschlug, war das ja ausschließlich *meine* Entscheidung. In anderen Worten, ich spielte den Schöpfer des Universums, da ich ebensogut andere Gesetze gewählt haben könnte. Ich hätte z.B. jeden Buchstaben durch den darauffolgenden (und D durch A) ersetzen können; hätte die Buchstabenergebnisse aus dem Zylinderhut zaubern können und damit Naturgesetze auf dem Zufall basieren lassen (im Gegensatz zu anderen Glaubensbekenntnissen)[7] usw. usw.

Es ist wichtig festzustellen, daß uns bei der Synthese dieser Maschinen viele Möglichkeiten zur Verfügung stehen. Es ist aber ebenso wichtig festzustellen, daß wir die Operationen derartiger Maschinen ermitteln können, wenn uns ihre Funktionsweisen nicht bekannt sind. Man muß einfach alle gegebenen Stadien (A, B, C, D) durchgehen und sie mit ihren Antworten in Beziehung setzen (z.B. D, A, B, C): dann identifizieren die Paare AD, BA, CB, DC diese "Maschine".

Mit anderen Worten, triviale Maschinen werden nicht nur durch ihre Synthese bestimmt, ebenso gut sind sie durch Analyse bestimmbar. Da ihre Operationsregeln unverändert bleiben, d.h. von ihrer Vergangenheit unabhängig sind, sind sie außerdem voraussagbar!

Es war offenbar diese Einsicht, die Laplace vor fast 200 Jahren dazu veranlaßte, seine paradigmatische Behauptung aufzustellen,[8] daß "... nichts ungewiß wäre, und die Zukunft und die Vergangenheit an seinen Augen vorüberziehen würde", wenn einer übermenschlichen Intelligenz die gegenwärtigen Bedingungen aller Partikel im Universum bekannt wären. Heutzutage würde Laplace mit Freude ausrufen: "Das Universum ist eine triviale Maschine!"

Mon cher Pierre Simon Marquis de Laplace, leider muß ich Ihnen sagen, daß Sie sich zu früh gefreut haben.

Das ist jetzt der richtige Augenblick, um sich den nichttrivialen Maschinen zuzuwenden. Wie ich schon sagte, ändern sie ihre Transformationsregeln gemäß einer Regel "zweiter Ordnung", einem "Programm". Man könnte auch sagen, daß die Transformationsregeln als "interne Zustände" aufgefaßt werden können, deren Wechsel, über das Programm, durch die "äußeren Zustände" (den Tatbeständen von vorhin) bestimmt werden. Veranschaulichen wir uns diese Erweiterung mit dem Beispiel der Anagrammer, indem wir den einen trivialen Anagrammer, der nur *einer* Transformationsregel fähig ist, durch einen nicht-trivialen ersetzen, der nach jeder Operation, gemäß des eingebauten Programms, aus den jeweils gegebenen "internen" und "äußeren" Zuständen ein anderes Anagramm errechnet.

Wenn wir ein Anagramm durch ein anderes ersetzen wollen, müssen uns die zur Verfügung stehenden Anagramme bekannt sein. Wenn wir uns nochmals auf unser

Vier-Buchstaben-Universum (A, B, C, D) beziehen, dann erhalten wir - falls wir unterschiedliche Buchstaben (z.B. A, B) in gleiche Buchstaben (z.B. A-C; B-C) verwandeln lassen oder eine solche Mehrdeutigkeit verbieten - mit Vier-Buchstaben-Anagrammen für die beiden Fälle (siehe Anhang (Anh. (I) (II))):

N_{gleich} = 256 Anagramme

N_{diff} = 24 Anagramme

Um nun eine nicht-triviale Maschine zu konstruieren, habe ich alle 24 möglichen eindeutigen Anagramme aufgelistet und numeriert:

TABELLE I

Die 24 möglichen Vier-Buchstaben-Anagramme

01	02	03	04	05	06	07	08	09	10	11	12	13	14	15	16	17	18	19	20	21	22	23	24
·A	A	A	A	A	A	B	B	B	B	B	B	C	C	C	C	C	C	D	D	D	D	D	D
·B	B	C	C	D	D	A	A	C	C	D	D	A	A	B	B	D	D	A	A	B	B	C	C
·C	D	B	D	B	C	C	D	A	D	A	C	B	D	A	D	A	B	B	C	A	C	A	B
·D	C	D	B	C	B	D	C	D	A	C	A	D	B	D	A	B	A	C	B	C	A	B	A

Um die Arbeitsweise einer derartigen Maschine zu demonstrieren, habe ich für die "internen Zustände" die vier Anagramme # 10, 17, 19, 24 ausgewählt, wobei man die #24 als diejenige erkennen kann, die als Beispiel für eine triviale Maschine benutzt wurde:

TABELLE II
Die zur Konstruktion einer nicht-trivialen Maschine ausgewählten 4 "internen Zustände" (Anagramme)

10	17	19	24
B	C	D	D
C	D	A	C
D	A	B	B
A	B	C	A

Wann immer sich unsere zu konstruierende Maschine in einem dieser internen Zustände befindet, fungiert sie als eine triviale Maschine gemäß dieser anagrammatischen Regel.

Nun sind wir in der Lage, das Programm, nach dem unsere Maschine laufen soll, auszuwählen; dieses Programm determiniert die Buchstaben X' und die Regeln (Anagramme) R', nachdem die Maschine mit dem Buchstaben X gemäß der Regel R operiert hat. Zur Verdeutlichung habe ich das folgende Operationsprogramm ausgewählt:

TABELLE III
Operationsprogramm

		R							
		R=	10	R=	17	R=	19	R=	24
		X'	R'	X'	R'	X'	R'	X'	R'
	A	B	10	C	17	D	19	D	24
X	B	C	17	D	19	A	24	C	10
	C	D	19	A	24	B	10	B	17
	D	A	24	B	10	C	17	A	19

Beispiel: Nehmen wir an, die Maschine befindet sich in einem Zustand, in dem sie für die Buchstaben A, B, C, D das Anagramm #10 (B, C, D, A) errechnet und ihm der Buchstabe B (X=B) angeboten wird; natürlich wird daraus C (X'=C) resultieren, aber gleichzeitig wird die anagrammatische Regel # 10 (R=10) in # 17 (R'=17) geändert. Demzufolge müssen wir, falls wir wiederum B anbieten, unter R=17 nachschauen und feststellen, daß die Antwort D anstatt des vorherigen C ist! Da die Maschine nun zu #19 vorgerückt ist, entsteht aus B nochmals A usw. Im folgenden Beispiel ist der wiederholten Sequenz A, B, C, D (erste Zeile) die Sequenz von Antworten zugeordnet (zweite Zeile):

TABELLE IV

A,B,C,D,A,B,C,D,.....
B,C,A,A,D,A,B,B,.....

Ich hoffe, diese Beispiele reichen aus, um den grundlegenden Unterschied zwischen diesen Maschinen und ihren trivialen Schwestern zu veranschaulichen. Offenbar, wenn ein Programm vorliegt, ist die Bestimmung irgendeiner Sequenz nun eine triviale Angelegenheit. Warum sollte man also diese Maschinen als nicht-trivial bezeichnen? Das wird offensichtlich, wenn uns das Programm oder die Transformationsregeln unbekannt sind und erst durch Experimentieren ermittelt werden müssen.

Es wäre nicht unklug, abzuwägen, welcher Mühe man sich bei der Ermittlung dieses Problems unterziehen muß, bevor man sich auf solch ein experimentelles Verfahren einläßt. Gewiß hängt dieses Bemühung von unserer Kenntnis des Systems ab. Nehmen wir an, daß das Programm (wie in unserem Beispiel) mit genau vier anagrammatischen Regeln arbeitet und das Alphabet aus genau vier Buchstaben besteht; dann ist die Anzahl der verschiedenen möglichen Maschinen, von denen nur *eine* die zu identifizierende ist, genau (siehe Anhang (III)):

$$N_4 = 4.294.967.296.$$

Das scheint eine schwindelerregend große Zahl zu sein, aber mit den entsprechenden Computern, die eine Million unserer möglichen Maschinen in einer Sekunde errechnen, dauert es vielleicht nicht länger als eine Stunde und 15 Minuten, um unsere Maschine zu identifizieren. Setzen wir jedoch nun voraus, daß wir nicht wissen, daß nur vier anagrammatische Regeln (d.h. nur vier "Naturgesetze") wirksam sind, andererseits aber wissen, daß diesem Universum die Eigenschaft innewohnt, daß zwei verschiedene "Ursachen" niemals die gleichen "Wirkungen" zeitigen, dann ist die Anzahl möglicher Universen, von denen unser Universum nur eines ist (Anh. (III)):

$$N_{24} = 6{,}3 \times 10^{57}.$$

Da der oben erwähnte Computer nur ca. 30 Billionen (d.h. 30×10^{12}) Maschinen pro Jahr überprüfen kann und das Universum, in dem wir leben, allerhöchstens 20 Milliarden (d.h. 20×10^{9}) Jahre alt ist, ist es leider viel zu jung, um nur ein Bruchteil der Möglichkeiten zu überprüfen.

Aber unsere Unwissenheit mag noch weitaus tiefer

gehen. Da es sich bei der Unterscheidung zwischen Verschiedenheiten der Ursachen und Verschiedenheiten der Wirkungen um eine Frage kognitiver Fähigkeiten handelt, können wir nicht sicher sein, daß der Grundsatz "verschiedene Ursachen/verschiedene Wirkungen" auf das zu untersuchende Universum anzuwenden ist. Demzufolge müssen wir darauf gefaßt sein, nach der *einen* Maschine zu suchen aus (Anh. (III))

$$N_{256} = 5x10^{616}.$$

Dies ist eine Zahl mit 616 Nullen nach der Fünf. Offensichtlich ist das Identifikationsproblem nicht-trivialer Maschinen nicht-trivial. Oder, wie es in der Sprache der Computer-Wissenschaftler heißt, es ist "transcomputational" oder "jenseits aller Errechenbarkeit".

Dennoch behaupten Optimisten, daß uns früher oder später die theoretischen oder technischen Mittel zur Verfügung stehen werden, um dieses Problem in Angriff nehmen zu können. Leider ist diese Hoffnung jedoch unbegründet. Erwiesenermaßen[9] gibt es Maschinenkonfigurationen, die prinzipiell nicht durch eine begrenzte Folge von Experimenten identifiziert werden können: das Maschinenidentifikationsproblem ist im Prinzip unlösbar!

Während nicht-triviale Maschinen synthetisch determiniert werden können, sind sie analytisch unbestimmbar, historisch bedingt und nicht voraussagbar.

Es dürfte geraume Zeit beanspruchen, bevor man sich dessen bewußt wird, zumal es allen intuitiven Vorstellungen widerspricht, die wir uns von der großartigen Ordnung der Natur, der Zuverlässigkeit unserer Freunde und einem kohärenten Verständnis von uns selbst gemacht haben. Sollten wir die Nicht-Trivialität all dessen in Zweifel ziehen?

Wenn ich meine Freunde frage, ob sie sich als triviale oder nicht-triviale "Maschinen" betrachten, entscheiden sie sich unzweideutig für Nicht-Trivialität, obwohl ihre Antworten anders ausfallen, wenn sie nach ihrer Meinung über andere befragt werden. Das sollte nicht überraschen, weil die triviale Maschine mit ihrer Zuverlässigkeit und Voraussagbarkeit im Vergleich zur unbeständigen, unvoraussagbar und nicht analysierbaren nicht-trivialen Maschine wie ein Geschenk des Paradieses anmutet. Wir zahlen Unsummen Geldes für Garantien, daß die von uns erworbenenen Maschinen nicht nur zum Zeitpunkt des Kaufs trivial sind, sondern auch ihre Trivialität über lange Zeiträume beibehalten. Wenn eines Morgens unser Auto nicht anspringen sollte, so ist das historisch bedingt, die wahre Natur kommt zum Vorschein, und wir müssen einen professionellen Trivialisateur kommen lassen, der mit seinen Werkzeugen die erhoffte Trivialität des Wagens wiederherstellt.

Eindeutig sind wir als Kinder unserer Kultur in triviale Systeme vernarrt, und wann immer die Dinge nicht so funktionieren, wie man es erwartet, werden wir versuchen, sie zu trivialisieren: erst dann werden sie voraussagbar.

Ich habe dieses Thema recht ausgiebig behandelt, weil ich in manchen Stunden des Zweifels ahne, daß aufgrund mangelnden Verständnisses darüber, wie man mit einem der nicht-trivialsten, schöpferischsten, erstaunlichsten, unvoraussagbarsten Geschöpfen, die mir bekannt sind, nämlich unseren Kindern, umgehen soll, einige Ausbildungssysteme Lernen mit Trivialisierung verwechseln. Beim Lernen wächst die Anzahl interner Zustände und die semantische Relationsstruktur (das "Programm") wird bereichert. Trivialisierung ist dagegen Amputation interner Zustände, Blockierung der Entwicklung unabhängigen Denkens und Belohnung von vorschriftsmäßigem, also voraussagbarem Verhalten: "6" ist die Antwort auf die Frage "Was ist 2x3?"; unannehmbar wären die Antworten: "eine gerade Zahl", "3x2", "mein Alter" und andere. [10]

Damit sind wir bei der Frage nach der Bedeutung von "Tests", "Prüfungen". Werden Tests entwickelt, um das Denken anderer, das Denken der Studenten zu ermitteln? Dann würden Tests versuchen, Unmögliches zu erreichen, da - wie wir nun wissen - das Denken eines nichttrivialen Studenten analytisch nicht bestimmbar ist. Werden Tests entwickelt, um den Erfolgsgrad zu ermitteln, den ein Ausbildungsystem bei der Trivialisierung seiner Studenten hatte? Dann würden sich die Resultate nicht auf die Flexibilität der Studenten beziehen, sondern auf das Ausbildungssystem und die von ihm entwickelten Tests. In anderen Worten:

Tests testen Tests
(und nicht diejenigen, die getestet werden sollten)

Prüfungen prüfen die Prüfer, nicht die Geprüften. Das wird offensichtlich, wenn wir bemerken, daß die Studenten Prüfungen studieren, um Prüfungen zu bestehen, was keinesfalls das Gleiche ist, wie das Studieren eines Gegenstandes, um den Gegenstand kennenzulernen. Aber dann stellt sich die Frage, woher wir wissen, was sie über den Gegenstand wissen? In der Tat, wie wissen wir überhaupt? Oder, in diesem Zusammenhang, was ist Wissen gegenüber Unwißbarem? Oder, im Hinblick auf nichttriviale Systeme, was könnten wir über sie wissen, wenn wir nichts über ihre Arbeitsweise wissen können?

Vor 25 Jahren wurde diese Frage entweder nicht gestellt, oder man lehnte sie ab, oder entwickelte Methoden der Trivialisierung. Dennoch änderte sich innerhalb dieses Zeitraums die Behandlung dieser Fragen grundlegend durch die Entwicklung zweier Gedanken. Einer dieser Gedanken entstand in der Mathematik, wo der Begriff der Nicht-Trivialität in den der Nicht-Linearität übersetzt wurde. Damit entstand ein bunter Strauß von Überraschungen und verblüffenden Ideen, der unter dem Namen "nicht-lineare Dynamik" und "Chaostheorie" laufen. Der andere Gedanke wurde von der Systemtheorie und Computerwissenschaft entwickelt, wo die kybernetischen Grundideen wie Zirkularität und Geschlossenheit eine Schatzkammer neuer Einsichten und Perspektiven erschloß.

Ich möchte zuerst auf die Begriffe Zirkularität und Geschlossenheit eingehen, weil insbesondere diese Begriffe von orthodoxer Wissenschaft gemieden wurden. Unter Zirkularität versteht man, daß das Ergebnis der Operation eines Systems die nächste Operation dieses Systems einleitet: Das System und seine Operationen sind ein "geschlossenes System". Dadurch ist es möglich, daß sich der Experimentator als Teil des Experiments verstehen kann; oder daß der Familientherapeut sich als Partner der Familie sehen kann; oder daß der Lehrer sich als Teilnehmer eines Lern/Lehrprozesses in seinem Klassenzimmer zuhause fühlt.

Um das Unorthodoxe der Geschlossenheit, d.h. die Einbeziehung des Handelnden in dessen Universum, zu verstehen, sollte man auf Laplace zurückgreifen, der sich nicht als Teil seines Universums verstand, sonst hätte er es nicht als Trivialmaschine bezeichnet. Oder denken wir nur an "Objektivität": sie erfordert, daß die Eigenschaften des Beobachters nicht in die Beschreibung des Beobachteten eingehen. Ich frage mich, wie das vor sich geht. Ohne ihn gäbe es doch weder eine Beschreibung noch eine Beobachtung.

Ich möchte nun über das sich rapide entwickelnde Gebiet nicht-linearer Dynamik und ihre wesentlichen Bestandteile, die Zirkularität und Geschlossenheit berichten. Es gibt drei Ergebnisse, die diesbezüglich von grundlegender Bedeutung sind. Das eine besagt, daß, wenn man ein geschlossenes System an seinem eigenen Output operieren läßt (das heißt: Output wird zum neuen Input), konvergiert es früher oder später (im chaotischen Fall nie) zu einem stabilen Verhalten. Aufgrund ihrer kurzen Entwicklungsgeschichte werden diese dynamischen Gleichgewichte von verschiedenen Forschern mit verschiedenen Namen versehen: "Fixpunkte", "Attraktoren", "seltsame Attraktoren" und "Eigenverhalten".[11] Ich werde auf diese dynamischen Stabilitäten zurückkommen, nachdem ich kurz über andere faszinierende Resultate dieser Studien berichtet habe. Eines von ihnen besagt, daß die Anfangszustände für manche Systeme ihr weiteres Verhalten entscheidend bestimmen können: unter gewissen Anfangszuständen mögen diese Systeme zu ein, zwei, vier, etc. Eigenverhalten konvergieren; unter anderen erreichen sie nie eine dynamische Stabilität, sondern gehen von einem unvorhersagbaren Zustand zu einem anderen: sie verhalten sich chaotisch! Ein anderes von den überraschenden Ergebnissen hier ist, daß häufig die beiden Anfangszustände, bei denen unter einem das System zu stabilem Verhalten konvergiert, unter dem anderen aber zu chaotischen Verhalten degeneriert, beliebig nahe beieinander liegen können. Das bedeutet, daß sogar Systeme mit wohldefinierten Operationsregeln unvoraussagbar sein können.

Ein Beispiel soll diese Punkte illustrieren. Lassen wir den oben erwähnten nicht-trivialen Anagrammer rekursiv operieren, indem wir seinen jeweiligen Output zu seinem neuen Input werden lassen. Bieten wir ihm jetzt den Buchstaben A an, und setzen voraus, er sei im Anfangszustand #10 (lies A/10), dann finden wir aus dem Operationsprogramm, TABELLE III, das Resultat B/10. B/10 tritt nun rekursiv wieder in die Maschine ein, um C/17 zu erzeugen und rekursiv A/24 usw. Es folgt die Sequenz der ersten 17 Ergebnisse (obere Reihe Buchstabe/untere Reihe Zustandsnummer):

TABELLE V

Die ersten 17 Schritte eines rekursiv operierenden Anagrammers

```
 A,  B,  C,  A,  D,  A,  D,  C,  A,  D,  A,  D,  C,  A,  D,  A,  D,...
10  10  17  24  24  19  19  17  24  24  19  19  17  24  24  19  19 ...
```

Wie man sieht, konvergiert die Maschine nach einer Übergangsperiode aus nur 2 Schritten (A,B,) zu einer dynamischen Stabilität, die sich in der periodischen Produktion der Sequenz CADAD manifestiert, dem Eigenverhalten dieser Maschine unter der gewählten Eingangsbedingung. Versuchen wir ein weiteres Experiment, indem wir mit dem Zustand beginnen, der im vorherigen Durchlauf nicht erschienen ist, sagen wir C/24:

TABELLE VI

Die ersten 8 Schritte desselben Anagrammers wie in Tabelle V, jedoch mit anderen Anfangszuständen

```
C,  B,  D,  C,  A,  D,  A,  D,_
24  17  19  17  24  24  19  19 |
             ^                 |
             |_________________|
```

Nach drei Durchgangsstufen (C,B,D) nimmt das System eine stabile Dynamik, das vorherige Eigenverhalten an: CADAD, CADAD scheint sozusagen die Manifestation des inneren Arbeitsprozesses dieser Maschine zu sein, die denjenigen, die sie nicht kennen, für immer unbekannt bleiben wird.

Mögen sich die Neugierigen unter ihnen damit beschäftigen, ob die so definierte Maschine fähig ist, andere dynamische Stabilitäten zu produzieren oder ob CADAD das einzige ist, was dieser Anagrammer über sich selbst sagen kann.

Ich möchte nun diese Beobachtungen in drei Schritten verallgemeinern. Der erst ist, das Wesentliche eines Lehrsatzes, der diese Maschinen betrifft, allerdings hier ohne Beweis, Ihnen vorzustellen. Der Satz besagt, daß ein beliebig großes Netzwerk von rekursiv vernetzten nicht-trivialen Maschinen so behandelt werden kann, als wäre es eine einzige, rekursiv operierende nicht-triviale Maschine (so etwa, wie der Anagrammer in unserem früheren Beispiel). Diese Einsicht läßt auf den zweiten Schritt schließen, nämlich, daß die Dynamik zwischen all den in diesem Netzwerk beteiligten Elementen zu einer stabilen Dynamik, dem Eigenverhalten des gesamten Systems, konvergiert.

Der dritte Schritt, oder sollte ich das besser einen Sprung nennen, ist der folgende. Ich schlage vor, das rekursiv vernetzte System als ein Sozialsystem, und die beteiligten nicht-trivialen Elemente als die Teilnehmer an diesem sozialen Prozeß zu interpretieren, dann manifestiert sich ihr Eigenverhalten in der gesprochenen Sprache, der Benennung der Objekte, den praktizierten Bräuchen, den zu beobachtenden Ritualen. Eingebettet in dieses Netz sind die "Lehrer" und die "Schüler", für die durch ihren Dialog ein Verständnis erwächst, nicht von sich, sondern voneinander, wobei das Lehrfach als Vermittler dieses Verständnisses und des Lernens, wie zu lernen sei, dient.

Wie dies entsteht, entzieht sich unserer Kenntnis; daß es jedoch entsteht, verdanken wir unserem gemeinsamen rekursiven Dialog. An dieser Stelle möchte ich Martin Buber zitieren:[12]

"Betrachte den Menschen mit dem Menschen, und du siehst jeweils die dynamische Zweiheit, die das Menschenwesen ist, zusammen: hier das Gebende und hier das Empfangende, hier die angreifende und hier die abwehrende Kraft, hier die Beschaffenheit des Nachforschens und hier die des Erwiderns, und immer beides in einem, einander ergänzend im wechselseitigen Einsatz, miteinander den Menschen darzeigend. Jetzt kannst du dich zum Einzelnen wenden und du erkennst ihn als den Menschen nach seiner Beziehungsmöglichkeit; du kannst dich zur Gesamtheit wenden und du erkennst sie als den Menschen nach seiner Beziehungsfülle. Wir mögen der Antwort auf die Frage, was der Mensch sei, näher kommen, wenn wir ihn als das Wesen verstehen lernen, in dessen Dialogik, in dessen gegenseitig präsentem Zuzweien-Sein sich die Begegnung des Einen mit dem Anderen jeweils verwirklicht und erkennt."

2. Unentscheidbarkeiten

Unter Lehrsätzen, Problemen, Fragen usw. gibt es jene, über die eine Entscheidung gefällt werden kann, und andere, die prinzipiell unentscheidbar sind.

Entscheidbar ist z.B., ob 3.536.712 ohne Restbetrag durch 5 teilbar ist. Die Antwort ist ein eindeutiges "Nein"; hätten wir jedoch "teilbar durch 2?" gefragt, wäre die Antwort ein eindeutiges "Ja". Man könnte natürlich weitaus schwierigere Fragen stellen, sehr schwere Fragen, außerordentlich schwere Fragen, die sich erst in mehreren Jahren lösen ließen, aber von deren Entscheidbarkeit durch die Erarbeitung einer Antwort wir überzeugt sind, aufgrund der Wahl der Regeln, wie wir von einem Knotenpunkt in dieser kristallinen Struktur logisch-mathematischer Relationen zum nächsten gelangen.

Aus diesem Grund sind z.B. Mathematiker nach 250 Jahren immer noch bemüht, eine Konjektur zu "beweisen", d.h. den Tüftlern exakte Anleitungen zu der Verfahrensordnung zu vermitteln, die Christian Goldbach 1742 in einem Brief an Leonard Euler erwähnt hatte. Goldbach hatte die Idee, daß jede gerade Zahl durch die Summe zweier Primzahlen dargestellt werden kann, wie z.B. 12=5+7 oder 16=13+3 usw.

In der Tat konnte jede gerade Zahl bisher in zwei Primzahlen zerlegt werden, aber das ist natürlich kein Beweis! Mit anderen Worten, die Frage "Ist Goldbachs Vermutung beweisbar?" ist bisher noch nicht entschieden. Indem man dem vorherigen Satz das Wort "bisher" hinzufügt, wird Entscheidbarkeit unterstellt. Seitdem jedoch Kurt Gödel 1931 die Beobachtung gemacht hat, daß in unserem mathematischen System unentscheidbare Sätze existieren,[13] erhebt sich der Verdacht, Goldbachs Vermutung könnte einer von diesen sein.[14]

Es besteht jedoch keine Notwendigkeit, diesen logisch-mathematischen Purzelbäumen nachzusehen, um dem Auftreten prinzipiell unentscheidbarer Fragen zu begegnen, da Alltagssprache und überliefertes Wissen von ihnen durchwoben sind. Nehmen wir z.B. die Frage über den Ursprung unseres Universums: wie ist es entstanden? Gewiß, diese Frage ist prinzipiell unentscheidbar, weil es keine Zeugen geben kann, und wenn ja, wer würde ihnen glauben? Dennoch gibt es zu dieser Frage viele Antworten. Einige sagen, daß all dies durch die Vereinigung von Chaos und Finsternis entstanden sei; andere berufen sich auf einen einmaligen Schöpfungsakt vor etwa 4000 Jahren; andere bestehen darauf, daß es weder Anfang noch Ende gebe, da sich das Universum in einen ewigen dynamischen Gleichgewicht befände, ein "Eigen-

Universum" sei; wiederum andere behaupten, die ganze Sache hätte vor 10 oder 20 Milliarden Jahren mit einem Urknall begonnen, dessen Geräusch immer noch als flüsterndes Rauschen über große Radioantennen gehört werden kann. Ganz zu schweigen von den Antworten, die uns die Hindus, Arapesch, Massai, Nubas, Khmer, Buschmänner usw. usw. auf diese Frage geben würden. In anderen Worten, sag uns, wie das Universum entstand, und wir sagen dir, wer du bist.

Der Unterschied zwischen entscheidbaren und prinzipiell unentscheidbaren Fragen sollte nun hinreichend geklärt sein, so daß ich Ihnen die folgende These unterbreiten möchte:[15]

"Nur *die* Fragen, die prinzipiell unentscheidbar sind, können *wir* entscheiden."

Warum?

Einfach, weil über entscheidbare Fragen schon immer durch die Wahl des Rahmens, in dem sie gestellt werden, entschieden wird. Der Rahmen selbst mag sogar eine Antwort auf die von uns gestellte prinzipiell unentscheidbare Frage sein. Diese Beobachtung verdeutlicht den Unterschied zwischen diesen zwei Arten von Fragen. Antworten auf entscheidbare Fragen sind von Notwendigkeiten diktiert, während Antworten auf unentscheidbare Fragen durch die Freiheit unserer Wahl bestimmt werden. Aber für diese Freiheit der Wahl müssen wir die Verantwortung tragen. Dies verdeutlicht zusätzlich den Unterschied zwischen diesen Fragen: Verfahrensweisen, durch die man eine Antwort auf entscheidbare Fragen erhält, mögen falsch sein, deshalb taucht in diesem Zusammenhang die Vorstellung von Wahrheit auf. Ethik ist jedoch der Bereich, in dem wir Verantwortung für unsere Entscheidungen übernehmen. Das Antonym für Notwendigkeit ist nicht Zufall,[16] es ist vielmehr Freiheit, es ist Wahl.

Wie wird unsere Einstellung zu Kognition, zu Lernen und zu "Kognition als Lernen" durch derartige Betrachtungen beeinflußt? Ich glaube, in nicht unerheblichem Maße. Hier einige Beispiele:

Mathematiker leben in zwei gesonderten Welten, die sich aufgrund der unterschiedlichen Einstellung zu einer prinzipiell unentscheidbaren Frage, "Sind Zahlen, mathematische Formeln, Theoreme, Beweise usw. Entdeckungen oder sind sie unsere Erfindungen?", unversöhnlich gegenüberstehen.

Ich möchte an dieser Stelle die Ansicht eines Bürgers der Welt der Entdeckungen über das Wissen von Mathematik zitieren: "Eine Gottheit, die er liebevoll den Obersten Faschisten nennt, 'hat ein transfinites Buch mit Theoremen, in dem die besten Beweise stehen. Und wenn er uns wohlgesonnen ist, überläßt er uns das Buch für einen Augenblick.' Man sagt, daß sich ein guter Mathematiker - gleich dem Medium in einer Seance - durch seine besondere Befähigung auszeichnet, mit den platonischen Sphären kommunizieren zu können, in denen Abstraktionen und Symmetrien darauf warten, von einem wohltrainierten Verstand entdeckt zu werden."[17]

Und nun folgt das Bekenntnis eines Bürgers der Welt der Erfindungen: "Ich, für meinen Teil, glaube, (...) daß das, was der Mathematiker tut, nichts anderes ist, als die Herleitung von Aussagen mit Hilfe gewisser aufzuzählender (in verschiedener Weise wählbarer) Methoden aus gewissen aufzuzählenden (in verschiedener Weise wählbaren) Aussagen - und daß alles, was Mathematik und Logik über diese, einer Begründung weder fähige noch bedürftige Tätigkeit des Mathematikers aussagen können, in dieser simplen Tatsachenfeststellung besteht".[18]

Denken wir nur einmal an die Kinder, die in diesen zwei verschiedenen Welten aufwachsen: In der Welt der Entdeckungen müssen sie lernen, das zu wiederholen, was andere, mit Erlaubnis des Obersten Faschisten, flüchtig "Dem Buch" entnehmen konnten. In der Welt der Erfindungen werden sie zu einem Spiel ermutigt, in dem sie selbst die Regeln bestimmen, ihre eigene Mathematik erfinden, von der die Mathematiker das eine oder das andere lernen könnten.[19]

Ein weiteres Beispiel:

Seitdem der französische Psychologe Alfred Binet vor einem Jahrhundert den Intelligenztest erfunden hat, ist der Glaube an die Möglichkeit, Intelligenz testen zu können, tatsächlich immer populärer geworden, und zwar erstaunlicherweise weitaus stärker in Großbritannien und den Vereinigten Staaten als in seinem Ursprungsland. Aus diesem Grund ist es verständlich, daß mit zunehmendem Raffinement der elektronischen Computer, die Frage, ob diese "Burschen" intelligent wären, und wie ihre Intelligenz festgestellt werden könnte, zuerst von einem Engländer gestellt wurde, unserem Freund Alan Turing, dem Erfinder der nicht-trivialen Maschine.

Der von ihm vorgeschlagene Test, ob Computer "denken" können, ist nun zum *Credo* derjenigen geworden, die an Künstliche Intelligenz (KI) glauben. Der Test besteht aus einer Unbekannten (X), bei der es sich um einen hinter einem Vorhang verborgenen Menschen oder einen

Computer handeln könnte. "X" wird von Prüfern mit Fragen bombardiert, um herauszufinden, was sich hinter dem Vorhang befindet: ein Mensch oder eine Maschine? Falls die Prüfer irrtümlicherweise zu dem Resultat kommen, daß "X" ein Mensch sei, oder wenn sie sich nicht entschließen können und aufgeben, dann soll der Computer den Turing-Test bestanden haben, d.h. dieser Computer ist intelligent, dieser Computer kann denken: KI ist gerechtfertigt.[16]

Für mich ist es immer überraschend und amüsant, daß nicht allen offenkundig ist, daß nicht die Maschine den Test bestanden hat, sondern die Prüfer durchgefallen sind, weil sie entweder falsche Entscheidungen getroffen haben oder sich mit ihrer Niederlage zufriedengaben. Dies erstaunt mich umsomehr, da das Problem "The Other Mind", "Die Intelligenz des Anderen", d.h. "Haben außer mir noch Andere Intelligenz?" - mit wenigen kontinentalen Ausnahmen - der Insel vorbehalten bleibt, [20] und die Philosophen, die sich mit diesem Problem beschäftigen, den Turing-Test verwerfen, um diese Frage zu beantworten.

Wahrscheinlich haben Sie bereits erraten, daß ich hoffe, auch Sie würden "Die Intelligenz des Anderen", und verwandte Fragen, als prinzipiell unentscheidbare Fragen betrachten, bei deren Beantwortung wir die Verantwortung für unsere Entscheidungen zu übernehmen haben.

Wenn Sie mir bis jetzt gefolgt sind, möchte ich Sie bitten, sich auch noch die weiteren Punkte anzuhören, die schmerzen, bevor sie Gestalt annehmen. Ich nehme das vorige Beispiel der unentscheidbaren Frage "Ist X intelligent?", um zu zeigen, daß die Antworten zu den Fragen

"Ist X inkompetent?", "Ist X kriminell?", "Ist X geisteskrank?" u.s.w. als Probleme der Verantwortung derjenigen zu betrachten ist, die über diese Fragen entscheiden: die Sachverständigen, die Geschworenen und die Richter, die Psychiater u.s.w...

Vielleicht sieht man hier die ontologische Falle, bei der die Aufmerksamkeit bei der Frage "Ist X geisteskrank?" auf das "Ist" gelenkt wird, anstatt sie auf Y zu richten, der (allein für sich) entscheidet, was "Ist".

Sowohl Ontologie als auch Objektivität werden von denjenigen als Notausgänge benutzt, die ihre Freiheit der Wahl verschleiern möchten, um sich dadurch der Verantwortung ihrer Entscheidungen zu entziehen. Ich möchte eine Beobachtung von Ortega y Gasset zitieren:

"Kurz: der Mensch hat nicht Natur, sondern er hat ... Geschichte. (...) Der Mensch ist kein Ding, sondern ein Drama. (...) Aber der Mensch muß nicht nur sich selbst schaffen, sondern das Schwierigste, was er tun muß, ist entscheiden, was er will. (...) Ob Original oder Plagiator, der Mensch ist der Romandichter seiner selbst. Unter diesen Möglichkeiten (hat er) die Wahl. Infolgedessen (ist er frei). Aber wohlverstanden, (er ist) frei aus Zwang, ob (er) will oder nicht." [21]

In der Tat, wir sind verdammt, frei zu sein.

Anhang

(I) Die Anzahl der Möglichkeiten, n verschiedene Objekte n verschiedenen Plätzen (kein Platz leer) zuzuweisen:

$N_{diff} = n! = 1.2.3....(n-1).n;$

In unserem Fall, n=4

$N_{diff} = 4! = 1.2.3.4 = 24.$

(II) Die Anzahl der Möglichkeiten, n Symbole (Zahlen) in Reihen von p Plätzen (Stellen) auszuschreiben:

$N_{gleich} = n^p$

Wenn p=n:

$N_{gleich} = n^n;$

In unserem Fall ist n=4, daher:

$N_{diff} = 4^4 = 2^8 = 256.$

(III) Die Anzahl unterscheidbarer nicht-trivialer Maschinen $N_s(X,Y)$, die man mit S internen, X Input- und Y Outputzuständen konstruieren kann:

$N_S(X,Y) = Y^{SX}.$

In unserem Fall, X=Y=4.

Für S=4:

$N_4 = 4^{4x4} = 2^{32} = 4.294.967.296.$

Für S=24:

$N_{24} = 4^{24x4} = 2^{192}$, oder etwa $6{,}3x10^{57}$.

Für S=256:

$N_{256} = 4^{256x4} = 2^{2048}$, oder etwa $5x10^{616}$.

Anmerkungen

1 Curriculum Commission of the State Board of Education, State of California: *Science Framework Field Review Draft*. Science Subject Matter Committee, University of California, Berkeley (May, 1989).

2 Bateson, G.: "Metalog: Was ist ein Instinkt?" in *Ökologie des Geistes*, Suhrkamp, Frankfurt/M., 73-96 (1981).

3 Ashby,R.: "The Brain of Yesterday and Today" in *Mechanisms of Intelligence*, Roger Conant (ed), Intersystems Publications, Seaside, 397-403 (1981).

4 Sacks, O.: "Die Zwillinge" in *Der Mann, der seine Frau mit einem Hut verwechselte*, Rowohlt, Reinbek (1988).

5 Turing, A.: "On Computable Numbers, with an Application to the Entscheidungsproblem", *Proc. London Mat. Soc.*, *2*/42:230-265 (1936). Dt. in: *Intelligence Service*, 17-60 (Berlin 1987).

6 von Foerster, H.: "Kausalität, Unordnung, Selbstorganisation" in *Grundprinzipien der Selbstorganisation*, K. Kratky und F. Wallner (eds), Wissenschaftliche Buchgesellschaft, Darmstadt (1990).

7 Eigen, M. und R. Winkler: *Das Spiel: Naturgesetze steuern den Zufall*, Piper, München (1975).

8 Laplace, P.S.: *Essai philosophique sur les probabilités*, Paris (1814).

9 Gill, A.: *Introduction to the Theory of Finite State Machines*, McGraw-Hill, New York (1962).

10 Ich war bei einer Familie zu Besuch, als ihr sechs Jahre alter Junge von der Schule nach Hause kam. Er war eine halbe Stunde zu spät und weinte: "Ich mußte nachsitzen"; "Warum, was ist passiert?"; "Die Lehrerin sagte, ich hätte eine freche Antwort gegeben"; "Was hast Du gesagt?"; "Sie fragte mich, was 3x2 wäre, und ich sagte 2x3, und alle lachten; daraufhin mußte ich in der Ecke stehen". Nun mischte ich mich ein: "Ich glaube, Deine Antwort war richtig, aber kannst Du es beweisen?" Sofort zeichnete er auf ein Stück Papier drei nebeneinanderstehende Reihen aus je zwei Punkten und sagte: "Das ist 3x2":

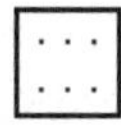

dann drehte er das Papier um 90° und sagte: "Das ist 2x3":

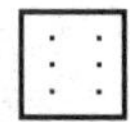

11 von Foerster, H.: "Objects: Tokens for (Eigen-)Behavior" in *Observations Systems*, Intersystems Publications, Seaside, 273-286 (1984).

12 Buber, M.: *Das Problem des Menschen*, Lambert Schneider, Heidelberg (1961).
13 Gödel, K.: "Über formal unentscheidbare Sätze der Principia Mathematica und verwandter Systeme I", *Monatsh. Mat. Phys. 38*:173-193 (1931).
14 Ich habe gehört, daß man mit dem Beweis der Goldbachschen Vermutung bedeutende Fortschritte gemacht hätte. Allerdings konnte ich zur Zeit der Niederschrift dieses Artikels dieses Gerücht nicht bestätigen.
15 von Foerster, H.: "Wahrnehmen wahrnehmen" in *Philosophien der neuen Technologien*, Berlin, 27-38 (1989).
16 Searl, J.R., Churchland, P.M., Churchland, P.S.: "Artificial Intelligence: A Debate", *Scientific American, 262*:25-39 (January, 1990).
17 Johnson, G.: "New Mind, No Clothes", *The Sciences*, New York Acad. of Sc., New York, 45-48 (August 1990).
18 Menger, K.: "Vorwort" in *Einführung in das Mathematische Denken*, Friedrich Waismann, Gerold & Co., Wien, v-viii (1936).
19 Siehe Anmerkung 10: Offenbar war die Lehrerin über die Wichtigkeit des wechselseitigen Gesetzes der Multiplikation, ein Resultat des wechselseitigen Gesetzes der Addition, nicht informiert. Durch die Anwendung einer rotierenden unveränderten Fläche, könnte dieser elegante Beweis der Wechselseitigkeit beim Multiplizieren als hervorragendes didaktisches Hilfsmittel eingesetzt werden.
20 Shorter, J.M.: "Other Minds" in *The Encyclopaedia of Philosophy*, Macmillan, New York, *6*:7-13 (1967).
21 Ortega y Gasset, J.: Geschichte als System, Stuttgart 1952, S. 71 f.

Kompetenz und Verantwortung*

Auf unserem letzten Jahrestreffen habe ich Ihnen ein Theorem vorgelegt, das Stafford Beer bei anderer Gelegenheit als "Heinz von Foersters Theorem Nr. 1" bezeichnet hat. Einige von Ihnen werden sich vielleicht noch daran erinnern, es lautet wie folgt:

> "Je tiefer das Problem, das ignoriert wird, desto größer die Chancen für Ruhm und Erfolg."

Kraft dieser auf einen einzigen Fall gegründeten Tradition möchte ich Ihnen heute erneut ein Theorem vorlegen, das ich in aller Bescheidenheit als "Heinz von Foersters Theorem Nr. 2" bezeichnen will. Um es richtig formulieren zu können, muß ich eine historische Bemerkung voranschicken. Im Englischen ist es nicht wie im Deutschen seit Dilthey möglich, zwischen Natur- und Geisteswissenschaften zu unterscheiden. In England, wie in Amerika, spricht man von den "hard-" und den "soft sciences", eine Unterscheidung, die sicherlich von einem "hard scientist" erfunden wurde. Mit diesem Kommentar lautet mein Theorem Nr. 2 folgendermaßen:

> "Die 'hard sciences' sind erfolgreich, weil sie sich mit den 'soft problems' beschäftigen; die 'soft sciences' haben zu kämpfen, denn sie haben es mit den 'hard problems' zu tun."

Sollten Sie bereit sein, sich die Sache genauer anzusehen, dann werden Sie sicherlich entdecken, daß Theo-

---

* überarbeitete Fassung des Grundsatzreferats zur Hersttagung der American Society for Cybernetics am 9. Dez. 1971 in Washington/DC

rem Nr. 2 als Folgesatz zu Theorem Nr. 1 dienen könnte. Dies wird unmittelbar einsichtig, wenn wir für einen Augenblick die Untersuchungsmethode der "hard sciences" näher betrachten. Ist ein System zu komplex, um verstanden zu werden, dann wird es in kleinere Stücke zerlegt. Sind diese immer noch zu komplex, werden auch sie zerkleinert, und so geht es weiter, bis die Stücke schließlich so klein sind, daß zumindest eines davon verständlich ist. Das Wunderbare an diesem Prozeß, an der Methode der Reduktion, dem "Reduktionismus", ist, daß er unweigerlich zum Erfolg führt.

Leider befinden sich die "soft sciences" nicht in einer ähnlich glücklichen Lage. Denken wir etwa nur an die Soziologen, die Psychologen, Anthropologen, Linguisten usw. Würden sie die komplexen Systeme, mit denen sie sich befassen, also die Gesellschaft, die Psyche, die Kultur, die Sprache usw., in derselben Weise so reduzieren, daß sie diese Systeme zur weiteren Untersuchung in immer kleinere Teile zerlegen, dann könnten sie schon nach wenigen Schritten nicht mehr behaupten, daß sie es noch mit dem System zu tun haben, mit dem sie sich ursprünglich beschäftigen wollten. Dies liegt daran, daß diese Wissenschaftler es mit im wesentlichen nicht-linearen Systemen zu tun haben, deren kennzeichnende Eigenschaften in den *Interaktionen* zwischen dem bestehen, was man jeweils als die "Teile" dieser Systeme auffaßt, während die Eigenschaften dieser "Teile" zum Verständnis des Funktionierens dieser Systeme als *Ganzes* wenig oder gar nichts beitragen. Wenn also ein Wissenschaftler, der in einer "soft science" arbeitet, im Gebiet seiner Wahl zu verbleiben wünscht, muß er mit einem gewaltigen Problem fertig werden: Er kann es sich einerseits nicht leisten, die tatsächliche Komplexität seines Systems aus den Augen zu verlieren, andererseits wird es aber von Tag zu Tag dringender, die sich ihm stellenden Probleme zu lösen. Und dies nicht bloß, weil er seinen Spaß daran hätte. Es ist inzwischen völlig klar geworden, daß seine Probleme uns alle angehen: "Entartung unserer Gesellschaft", "psychische Störungen", "kulturelle Erosion", "Versagen der Kommunikation" und all die vielen anderen "Krisen" unserer Zeit sind ebenso sehr unsere Probleme wie seine. Wie können wir zu ihrer Lösung beitragen?

Mein Vorschlag lautet, das *Fachwissen* - und nicht die Methode der Reduktion -, das wir in den Naturwissenschaften erworben haben, zur Lösung der harten Probleme in den Geisteswissenschaften einzusetzen. Ich füge sofort hinzu, daß dieser Vorschlag überhaupt nicht neu ist. Ich lege aber hiermit die These vor, daß es die *Kybernetik* ist, die das harte Fachwissen mit den harten Problemen der Geisteswissenschaften verknüpft. Diejenigen unter uns, die die frühe Entwicklung der Kybernetik miterlebt haben, werden sich sicherlich daran erinnern, daß unsere Wissenschaft als die Erforschung "kreis-kausal geschlossener und rückgekoppelter Mechanismen in biologischen und sozialen Systemen" verstanden wurde, bevor Norbert Wiener den Namen "Kybernetik" schuf, und daß sie noch Jahre nach der Abfassung seines berühmten Buches so beschrieben worden ist. Natürlich hat Norbert Wiener durch seine Definition der Kybernetik als der Wissenschaft von "Regelung und Signalübertragung im Lebewesen und in der Maschine" die Generalisierung dieser Begriffe weiter vorangetrieben, so daß "Kybernetik" heute die Wissenschaft der *Regelung* im allgemeinsten Sinne benennt.

Wenn sich nun unsere Wissenschaft mit diesem allgemeinen und allumfassenden Phänomen der Regelung befaßt, warum verfügt sie dann noch nicht wie die meisten unserer Schwesterdisziplinen über einen Schutzpatron oder eine Göttin, die uns auf der Suche nach neuen Erkenntnissen ihre Gunst schenken und unsere Gesellschaft gegen Übel von außen wie von innen schützen? Astronomen und Physiker werden von Urania betreut, Demeter schützt die Landwirtschaft, und die Musen helfen den verschiedenen Künsten und Wissenschaften. Wer aber hilft der Kybernetik?

Als ich eines nachts über diese kosmische Frage nachdachte, hatte ich ganz plötzlich eine Erscheinung. Leider war es keine der reizenden Göttinnen, die die anderen Künste und Wissenschaften beglücken. Das lustige kleine Geschöpf, das auf meinem Schreibtisch saß, mußte ein Dämon sein. Kurz darauf begann er auch zu reden. Ich hatte recht. "Ich bin Maxwells Dämon", sagte er. Und verschwand.

Als ich meine Fassung wiedergefunden hatte, war mir klar, daß nur dieser ehrenwerte Dämon unser Schutzpatron sein konnte, denn Maxwells Dämon ist *das Paradigma der Regelung*.

Wie Sie wissen, regelt Maxwells Dämon den Fluß der Moleküle zwischen zwei Behältern auf eine höchst *unnatürliche* Weise, nämlich so, daß Wärme vom kalten Behälter zum heißeren fließt. Im Gegensatz dazu fließt im natürlichen Ablauf der Ereignisse - also ohne den Eingriff des Dämons - Wärme immer vom heißen Behälter zum kälteren.

Sicherlich erinnern Sie sich auch, wie unser Dämon vorgeht. Er wacht über eine kleine Öffnung zwischen den beiden Behältern, die er freigibt, um ein schnelles Molekül aus dem kalten Bereich oder ein langsames aus dem heißen Bereich durchzulassen, die er aber ansonsten geschlossen hält. Durch dieses Manöver erreicht er, daß der kalte Behälter kälter und der heiße Behälter heißer wird, - was scheinbar den Zweiten Hauptsatz der Thermodynamik über den Haufen wirft. Natürlich haben wir inzwischen herausgefunden, daß der Zweite Hauptsatz unberührt bleibt, auch wenn der Dämon diesen perversen Wärmefluß tatsächlich bewerkstelligt. Er benötigt nämlich zur Feststellung der Geschwindigkeit der ankommenden Moleküle eine Taschenlampe. Wäre er im thermalen Gleichgewicht mit einem der Behälter, dann könnte er nämlich überhaupt nichts sehen: Er wäre Teil eines schwarzen Körpers. Da er seine Machinationen nur so lange betreiben kann, wie die Batterie seiner Taschenlampe vorhält, müssen wir in das System mit dem aktiven Dämon nicht nur die Energie der zwei Behälter, sondern auch die Energie der Batterie einbeziehen. Die durch das Nachlassen der Batterie gewonnene Energie wird nicht vollständig durch die Negentropie kompensiert, die durch die zunehmende Ungleichheit der beiden Behälter gewonnen wird.

Die Moral dieser Geschichte ist schlicht die, daß unser Dämon den Zweiten Hauptsatz der Thermodynamik nicht außer Kraft setzen, daß er aber durch seine Regelungsaktivität die Degradation der verfügbaren Energie, d.h. die Zunahme der Entropie, beliebig verlangsamen kann.

Dies ist nun in der Tat eine sehr wichtige Beobachtung, denn sie verdeutlicht die überragende Bedeutung von Regelungsmechanismen in lebenden Organismen. Lebewesen lassen sich daher als Manifestationen des Maxwellschen Dämons ansehen, die ständig die Degradation des Energieflusses, d.h. die Zunahme der Entropie verzögern. Mit anderen Worten, Organismen sind als Regelungssysteme "Entropieverzögerer".

Außerdem ist Maxwells Dämon, wie ich gleich zeigen werde, nicht nur ein Entropieverzögerer und ein Paradigma der Regelung, sondern auch funktional isomorph einer universalen Turingmaschine. Die drei Begriffe der Regelung, der Entropieverzögerung und des Rechnens bilden somit ein in sich verknüpftes Begriffsnetz, das für mich das Wesen der Kybernetik ausmacht.

Ich werde nun kurz meine Behauptung begründen, daß Maxwells Dämon nicht nur das Paradigma der Regelung, sondern auch des Rechnens ist.

Wenn ich den Begriff des "Rechnens" verwende, dann beschränke ich ihn nicht auf spezifische Operationen wie z.B. Addition, Multiplikation usw. Ich möchte "Rechnen" im allgemeinsten Sinn als einen Mechanismus oder "Algorithmus" des *Ordnens* bzw. der Erzeugung von "*Ordnung*" verstehen. Die ideale - oder vielleicht sollte man sagen: die allgemeinste - Darstellung eines solchen Mechanismus ist natürlich die Turingmaschine, und anhand dieser Maschine möchte ich einige meiner Behauptungen verdeutlichen.

Es gibt zwei Ebenen, auf denen wir von "Ordnen" sprechen können (L. Löfgren, 1967). Einmal wollen wir eine gegebene Anordnung von Gegenständen beschreiben, zum anderen gewisse Dinge entsprechend bestimmten Beschreibungen neu anordnen. Diese beide Operationen sind in der Tat die Grundlage für all das, was wir "Rechnen" nennen.

Sei A eine bestimmte Anordnung. Diese Anordnung kann dann durch eine universale Turingmaschine aus einem geeigneten Anfangsausdruck auf ihrem Band berechnet werden, den wir als eine "Beschreibung" von A, D(A), bezeichnen wollen. Die Länge L(A) dieser Beschreibung hängt vom benutzten Alphabet (von der benutzten Sprache) ab. Wir können folglich feststellen, daß eine Sprache α_1 dann und nur dann in der Anordnung A mehr an Ordnung aufzeigt als eine andere Sprache α_2, wenn die Länge $L_1(A)$ der passenden Ausgangsbeschreibung auf dem Band zur Berechnung von A kleiner ist als $L_2(A)$ oder *mutatis mutandis*.

Dies gilt für die erste oben genannte Ebene und führt uns unmittelbar zur zweiten.

Unter all den geeigneten Anfangsbeschreibungen einer Anordnung A_1 auf dem Band gibt es eine kürzeste: $L^*(A_1)$. Wenn A_1 neu geordnet wird und somit A_2 ergibt, dann sei A_2 von höherer Ordnung als A_1 dann und nur dann, wenn die kürzeste Anfangsbeschreibung auf dem Band $L^*(A_2)$ kürzer ist als $L^*(A_1)$ oder *mutatis mutandis*.

Dies gilt für die zweite oben genannte Ebene und führt uns zu einer abschließenden Aussage über vollkommenes Ordnen (Rechnen).

Unter all den Anordnungen A_i gibt es eine Anordnung A^*, für die die geeignete Anfangsbeschreibung auf dem Band die kürzeste ist, nämlich $L^*(A^*)$.

Ich hoffe, daß diese Beispiele klargemacht haben, daß lebende Organismen - wir setzen sie nun an die Stelle der Turingmaschine -, die mit ihren Umwelten (Anordnungen) interagieren, über verschiedene Möglichkeiten verfügen:

1. Sie können "Sprachen" entwickeln (Sensoren, neuronale Kodes, motorische Organe usw.), die besser zu der jeweils gegebenen Umwelt "passen" (d.h. mehr an Ordnung erschließen).
2. Sie können ihre Umwelten so lange verändern, bis diese zu ihrer Konstitution "passen".
3. Sie können beides tun. Es sollte jedoch festgehalten werden, daß jede der von ihnen gewählten Möglichkeiten durch Rechnen verwirklicht wird. Ich habe also nun zu zeigen, daß solches Rechnen in der Tat der Aktivität unseres Dämons funktional isomorph ist.

Die entscheidende Funktion einer Turingmaschine läßt sich durch fünf Operationen bestimmen:

1. *Lies* das Inputsymbol x.
2. *Vergleiche* x mit z, dem inneren Zustand der Maschine.
3. *Schreibe* das passende Outputsymbol y.
4. *Verändere* den inneren Zustand z zum neuen Zustand z'.
5. *Wiederhole* die obige Folge mit einem neuen Inputzustand x'.

In ähnlicher Weise läßt sich die wesentliche Funktion des Maxwellschen Dämons durch fünf Operationen angeben, die den eben genannten äquivalent sind:

1. *Lies* die Geschwindigkeit v des ankommenden Moleküls M.
2. *Vergleiche* $(mv^2/2)$ mit der mittleren Energie $<mv^2/2>$ (Temperatur T) etwa des kühleren Behälters (innerer Zustand T).
3. *Öffne* den Verschluß, wenn $(mv^2/2)$ größer ist als $<mv^2/2>$; halte sonst die Öffnung geschlossen.

4. *Verändere* den inneren Zustand T zum neuen (kühleren) Zustand T'.
5. *Wiederhole* die obige Abfolge mit einem neuen ankommenden Molekül M'.

Da die Äquivalenz der Operationen in den beiden Listen unter den entsprechend numerierten Punkten augenscheinlich ist, habe ich mit der Präsentation dieser beiden Listen meinen Beweis geliefert.

Wie können wir uns nun unsere Einsicht zunutze machen, daß die Kybernetik die Wissenschaft des Regelns, Rechnens, Ordnens und der Entropieverzögerung ist? Wir können zum Beispiel unsere Einsicht auf jenes System anwenden, das gewöhnlich als die *cause célèbre* allen Regelns, Rechnens, Ordnens und aller Entropieverzögerung angesehen wird, nämlich auf das menschliche Gehirn.

Ich möchte nun nicht den Physikern folgen, die ihre Probleme nach der Anzahl der jeweils untersuchten Objekte ordnen ("Das Ein-Körper-Problem", "Das Zwei-Körper-Problem", "Das Drei-Körper-Problem" usw.). Ich werde vielmehr unsere Probleme nach der Anzahl der jeweils betroffenen Gehirne ordnen und im folgenden über das "Ein-Hirn-Problem", das "Zwei-Hirn-Problem", das "Viel-Hirn-" und das "All-Hirn-Problem" sprechen.

1 Das "Ein-Hirn-Problem": die Wissenschaften vom Gehirn

Es liegt auf der Hand, daß die Wissenschaften, die sich mit dem menschlichen Gehirn befassen, eine Theorie des Gehirns, T(G), entwickeln müssen, wenn sie nicht zu einer Physik oder Chemie lebendiger - oder lebendig gewesener - Gewebe degenerieren wollen. Eine solche Theorie muß natürlich von einem Gehirn geschrieben werden: G(T). Daraus folgt, daß eine derartige Theorie so angelegt werden muß, daß sie sich selbst schreibt: T(G(T)).

Eine derartige Theorie wird sich in grundlegender Hinsicht etwa von jener Art der Physik unterscheiden, die sich der (nicht ganz) erfolgreichen Beschreibung einer "subjektlosen Welt" widmet, in der auch der Beobachter selbst keinen Platz haben soll. Ich komme damit zur Verkündung meines Theorems Nr. 3:

> "Die Naturgesetze werden von Menschen geschrieben.
> Die Gesetze der Biologie müssen sich selbst schreiben."

Man ist versucht, sich zur Widerlegung dieses Theorems auf Gödels Nachweis der Grenzen des Entscheidungsproblems in Systemen zu berufen, die versuchen, über sich selbst zu sprechen. Lars Löfgren und Gotthart Günther haben aber gezeigt, daß Selbsterklärung und Selbstreferenz Begriffe sind, die von Gödels Überlegungen völlig unberührt bleiben. Mit anderen Worten, eine Wissenschaft vom Gehirn im oben skizzierten Sinne ist, so behaupte ich, in der Tat eine völlig legitime Wissenschaft mit einem völlig legitimen Problem.

2 Das "Zwei-Hirn-Problem": Erziehung

Der Großteil unserer institutionalisierten Erziehungsbemühungen hat zum Ziel, unsere Kinder zu trivialisieren. Ich verwende diesen Begriff "Trivialisierung" genau so, wie er in der Automatentheorie gebräuchlich ist. Dort ist eine triviale Maschine durch eine festgelegte Input-Output-Beziehung gekennzeichnet, während in einer nicht-trivialen Maschine (Turingmaschine) der Output durch den Input *und* den internen Zustand der Maschine bestimmt wird. Da unser Erziehungssystem daraufhin angelegt ist, berechenbare Staatsbürger zu erzeugen, besteht sein Zweck darin, alle jene ärgerlichen inneren Zustände auszuschalten, die Unberechenbarkeit und Kreativität ermöglichen. Dies zeigt sich am deutlichsten in unserer Methode des Prüfens, die nur Fragen zuläßt, auf die die Antworten bereits bekannt (oder definiert) sind, und die folglich vom Schüler auswendiggelernt werden müssen. Ich möchte diese Fragen als "illegitime Fragen" bezeichnen.

Wäre es dagegen nicht faszinierend, sich ein Erziehungssystem vorzustellen, das die zu Erziehenden ent-trivialisiert, indem es sie lehrt, "legitime Fragen" zu stellen, d.h. Fragen, deren Antworten noch unbekannt sind?

3 Das "Viel-Hirn-Problem": Gesellschaft

Es liegt auf der Hand, daß unsere Gesellschaft als ganze von gravierenden Funktionsstörungen befallen ist. Dies äußert sich auf der Ebene des Individuums schmerzhaft in Apathie, Mißtrauen, Gewalt, Isolierung, Ohnmacht, Entfremdung usw. Ich spreche hier von einer "Partizipationskrise", denn das Individuum wird von der Mitwirkung am sozialen Prozeß zunehmend ausgeschlossen. Die Gesellschaft wird zum "System", zum "Establishment" oder was auch immer, zu einem unpersönlichen kafkaesken Monster von eigensinniger Böswilligkeit.

Es fällt nicht schwer zu erkennen, daß der wesentliche Grund für diese Funktionsstörungen im Fehlen des adäquaten Inputs für das Individuum liegt, mit seiner Gesellschaft zu interagieren. Die sogenannten "Kommunikationskanäle", die "Massenmedien", bieten nur eine Einbahnstraße: Sie reden, niemand aber kann darauf antworten. Da der Rückkopplungskanal fehlt, ist das System nicht zu kontrollieren. Die Kybernetik könnte hierfür eine universal zugängliche Apparatur für sozialen Input entwickeln.

4 Das "All-Hirn-Problem": Menschheit

Das bedrückendste Charakteristikum des globalen Systems "Menschheit" ist seine nachweisliche Instabilität und der daraus folgende, unerwartet schnell herannahende Kollaps. Solange die Menschheit sich selbst als ein offenes System behandelt und die Signale der Sensoren ignoriert, die seinen eigenen Zustand vermitteln, bewegen wir uns unaufhaltsam diesem Ende zu. (In der letzten Zeit habe ich mich zu fragen begonnen, ob die Information über den eigenen Zustand die Elemente des Systems überhaupt so rechtzeitig erreichen kann, daß sie noch reagieren können, wenn sie sich entscheiden, zuzuhören statt aufeinander einzuschlagen.)

Das Ziel ist klar: Wir müssen das System schließen, um eine stabile Bevölkerung, eine stabile Wirtschaft und stabile Rohstoffe zu erreichen. Während nun das Problem der Konstruktion eines Kontrollmechanismus für die Bevölkerung und die Wirtschaft mit den geistigen Reserven dieses Planeten gelöst werden kann, müssen wir uns zur Stabilisierung unserer materiellen Ressourcen aufgrund des Zweiten Hauptsatzes der Thermodynamik um außerplanetarische Rohstoffquellen bemühen. Wir verfügen über etwa $2 \cdot 10^{14}$ Kilowatt Sonnenstrahlung. Würde diese in kluger Weise genutzt, könnten die hochstrukturierten und unschätzbaren organischen Ressourcen der Erde, die fossilen wie die lebendigen, für unzählige weitere Generationen gesichert werden.

Wenn wir Ruhm und Erfolg nachjagen, können wir die Tiefe dieser Probleme des Rechnens, des Ordnens, des Regelns und der Entropieverzögerung ignorieren. Da wir als Kybernetiker jedoch angeblich über das Wissen verfügen, sie zu lösen, sollten wir unser Ziel *über* Ruhm und Erfolg setzen und uns still an die Lösung dieser Probleme machen. Wenn wir nämlich unsere Glaubwürdigkeit als Wissenschaftler erhalten wollen, dann kann der erste Schritt nur darin bestehen, unser Wissen auf uns selbst anzuwenden und eine Weltgesellschaft zu bilden, die nicht so sehr *für* die Kybernetik da ist, sondern vielmehr kybernetisch *funktioniert*. So nämlich verstehe ich Dennis Gabors Aufruf in einer früheren Nummer dieser Zeitschrift: "Kybernetiker dieser Welt, vereinigt euch!" Ohne Kommunikation gibt es keine Regelung; ohne Regelung gibt es kein Ziel; und ohne ein Ziel werden Begriffe wie "Gesellschaft" oder "System" zu Leerformeln.

Wissen bedeutet Verantwortung. Ein Arzt muß an der Unfallstelle handeln. Wir können es uns nicht länger leisten, einer globalen Katastrophe lediglich als wissende Zuschauer zuzusehen. Wir müssen all das Wissen, das wir haben, durch Kommunikation und Kooperation miteinander teilen und damit die Probleme unserer Zeit bewältigen. Nur auf diese Weise können wir unsere soziale und individuelle Verantwortung als Kybernetiker erfüllen, nur indem wir das praktizieren, was wir predigen.

Editorische Notiz

- *Introduction to Natural Magic as told by Heinz von Foerster to Paul Schroeder*. Pescadero, October 17-18, 1987, unveröffentlicht

- *Einführung in die 12-Ton-Musik*, deutschsprachiger Originalbeitrag für diesen Band, Pescadero, 15. Juli 1993

- "Ethics and Second-Order-Cybernetics", frz. in: *Systèmes, Ethique, Perspectives en thérapie familiale*, hg. von Y. Rey und B. Prieur, Paris 1991 (im Verzeichnis der Schriften Heinz von Foersters Nr. 137)

- "Cybernetics of Cybernetics", in: *Communication and Control in Society*, hg. von Klaus Kippendorff, New York 1979 (Nr. 117)

- "Epistemology and Cybernetics. Preview and Review", vollständig unter dem Titel "Cibernetica ed epistemologia: storia e prospettive", in: *La Sfida della Complessita*, hg. von G. Bocchi u. M. Ceruti, Mailand 1985 (Nr. 100)

- "Circular Causality: The Beginnings of an Epistemology of Responsibility", in: *The Collected Works of Warren S. McCulloch*, hg. von Rook McCulloch, Salinas 1989 (Nr. 121)

- "Lethology. A theory of Learning and Knowing vis-à-vis Undeterminables, Undecidibles, Unknowables", ital. in: *Conoscenza come Educazione*, Mailand 1992

- "Responsabilities of Competence", in: *Journal of Cybernetics*, 2.2.1972; "Kompetenz und Verantwortung", vom Autor korrigierte Fassung seines Aufsatzes "Die Verantwortung des Experten", übersetzt von Wolfram Karl Köck, zuerst erschienen in: H.v. Foerster, *Sicht und Einsicht*,

Braunschweig/Wiesbaden 1985. Wir danken dem Verlag Friedr. Vieweg & Sohn, Braunschweig/Wiesbaden für seine Abdruck-Erlaubnis (Nr. 69)

Wir danken Folke Hanfeld für die freundliche Hilfe beim Rückendeckel.

Internationaler Merve Diskurs

61 Foucault, Mikrophysik der Macht
65 Lowien, Weibliche Produktivkraft - andere Ökonomie?
67 Deleuze/Guattari, Rhizom
68 Foucault/Deleuze, Der Faden ist gerissen
69 Lyotard, Das Patchwork der Minderheiten
71 Cixous, Die unendliche Zirkulation des Begehrens
75 Lyotard, Intensitäten
77 Foucault, Dispositive der Macht
79 Baudrillard, Kool Killer oder Der Aufstand der Zeichen
80 Virilio, Fahren, fahren, fahren...
81 Baudrillard, Agonie des Realen
82 Irigaray, Das Geschlecht das nicht eins ist
83 Klossowski/Foucault/Blanchot/Deleuze, Sprachen des Körpers
84 Deleuze, Ein Nietzsche-Lesebuch
86 Klossowski, Römische Damen
87 Charles, John Caga oder Die Musik ist los
88 Lyotard, Apathie in der Theorie
90 Virilio, Geschwindigkeit und Politik
94 Cixous, Weiblichkeit in der Schrift
95 Deleuze, Kleine Schriften
99 Godard, Liebe Arbeit Kino
100 Szeemann, Museum der Obsessionen
102 Lyotard, Affirmative Ästhetik
103 Kneubühler, Im Wald des einzigen Bildes
104 Heiner Müller, Rotwelsch
105 Bonito Oliva, Im Labyrinth der Kunst
106 Minus Delta t, Das Bangkok-Projekt
107 Genet, Fragmente
109 Foreman, Warum ich so gute Stücke schreibe
110 Seitter, Der große Durchblick
112 Baudrillard, Laßt Euch nicht verführen!
113 Barthes, Cy Twombly
114 Lotringer, New Yorker Gespräche
115 Charles, Musik und Vergessen
116 Virilio/Lotringer, Der reine Krieg
118 Fitzgerald, Der Knacks / Deleuze, Porzellan und Vulkan
119 Seitter, Lacan und
120 Szeemann, Individuelle Mythologien
121 Foucault, Von der Freundschaft
122 Cage/Charles, Für die Vögel
123 Lyotard, Immaterialität und Postmoderne
124 Böhringer, Begriffsfelder. Von der Philosophie zur Kunst
125 Kneubühler, Malerei als Wirklichkeit
126 Veyne, Aus der Geschichte
127 Vuarnet, Der Künstler-Philosoph
128 Kneubühler, Wegsehen
129 Lyotard, Malerei und Philosophie im Zeitalter ihres Experimentierens
130 Kostelanetz, Autobiographien. Berlin - New York